ACCESO GRATIS *a la Lectura en la Nube*

AF237855

Para visualizar el libro electrónico en la nube de lectura envíe junto a su nombre y apellidos una fotografía del código de barras situado en la contraportada del libro y otra del ticket de compra a la dirección:

ebooktirant@tirant.com

En un máximo de 72 horas laborales le enviaremos el código de acceso con sus instrucciones.

La visualización del libro en **NUBE DE LECTURA** excluye los usos bibliotecarios y públicos que puedan poner el archivo electrónico a disposición de una comunidad de lectores. Se permite tan solo un uso individual y privado

© TIRANT LO BLANCH
EDITA: TIRANT LO BLANCH
C/ Artes Gráficas, 14 - 46010 - VALENCIA
TELFS.: 96/361 00 48 - 50
Fax: 96/369 41 51
Email: tlb@tirant.com
www.tirant.com
Librería Virtual: www.tirant.es
DEPOSITO LEGAL: V-1356-2025
ISBN: 979-13-7010-156-5
MAQUETA E IMPRIME: Tink Factoría de Color , S.L.

Si tiene alguna queja o sugerencia, envíenos un mail a: atencioncliente@tirant.com.
En caso de no ser atendida su sugerencia, por favor, lea nuestro procedimiento de quejas en:
www.tirant.net/index.php/empresa/politicas-de-empresa

Responsabilidad Social Corporativa
http://www.tirant.net/Docs/RSCTirant.pdf

MIRADAS INCLUSIVAS EN LA EDUCACIÓN SECUNDARIA: ROMPIENDO BARRERAS Y ABRIENDO PUERTAS

PERSPECTIVAS PLURALES SOBRE LA EDUCACIÓN SECUNDARIA. II JORNADA

Coordinador
Juan Ramón Martínez Morales

Tabla de contenidos

La clase importa. Educación inclusiva y dimensión afectiva

MARTA PLA-CASTELLS[1]

La II Jornada enmarcada en el 15º aniversario del MAES

Para mí es un auténtico placer asumir el prólogo de esta segunda edición de la II Jornada sobre "Perspectivas plurales sobre la Educación Secundaria" por dos razones fundamentales. En primer lugar, porque me brinda la oportunidad de compartir estas páginas con colegas y docentes de un nivel académico excepcional, cuyas contribuciones enriquecerán sin lugar a duda el debate educativo. En segundo lugar, porque esta Jornada se inscribe en el marco del 15º Aniversario del Máster en Profesorado de Educación Secundaria y constituye un programa formativo excepcional, en la preparación de futuros docentes.

Esta segunda razón fue precisamente la que llevó al Departamento de Sociología y Antropología Social de la UVEG a poner en marcha esta Jornada en el curso 2023-24, con el fin de ir integrando diversas "miradas sociales sobre la educación" a través de la colaboración de profesorado perteneciente a los distintos departamentos que participan en el proyecto formativo del Máster y sus "miradas educativas". El objetivo principal ha sido y sigue siendo promover el aprendizaje, el intercambio de ideas y el acompañamiento en la formación del alumnado del Máster, preparándolos para afrontar los retos de su futura labor docente.

---

[1]. Marta Pla-Castells, Directora del Máster en Profesorado de Educación Secundaria UVEG.

El Máster en Profesorado de Educación Secundaria se puso en marcha en España en el curso 2009-2010 como parte del proceso de adaptación al Espacio Europeo de Educación Superior (EEES), sustituyendo al anterior Curso de Aptitud Pedagógica (CAP). Desde su creación, ha estado sujeto a diversas modificaciones normativas que han regulado sus requisitos y características. Entre ellas, la Orden ECI/3858/2007, de 27 de diciembre, estableció las condiciones para la verificación de los títulos universitarios oficiales que habilitan para la docencia en Secundaria, mientras que la Orden EDU/3424/2009, de 11 de diciembre, facilitó su implantación en el curso 2009-2010, introduciendo cambios significativos como la necesidad de acreditar el nivel B1 de una lengua extranjera para cursar el Máster. Asimismo, el Real Decreto 1834/2008 y el Real Decreto 665/2015 han definido y ampliado las condiciones de formación y especialización necesarias para el ejercicio de la docencia en este nivel educativo.

Con todas estas reformas normativas -resultado de la adaptación legislativa a la realidad cambiante de la educación-, el Máster en Profesorado de Educación Secundaria no ha dejado de intentar mejorar la formación docente, tratando de adaptarla a las necesidades del sistema educativo actual. La estructura del Máster y sus requisitos han sido moldeados con el objetivo de permitirle una formación más especializada y acorde con las demandas educativas contemporáneas. En este contexto, la II Jornada sobre "Perspectivas plurales sobre la Educación Secundaria" es un ejemplo de unión de múltiples caminos formativos y se erige como un espacio de diálogo y reflexión significativo para continuar avanzando en la mejora de la formación del profesorado de secundaria.

Retos y desafíos a los que se enfrentan los futuros docentes

Los futuros profesores se enfrentan a múltiples desafíos en el actual contexto educativo, marcado por la crisis reputacional de la ciencia y la educación. En la sociedad contemporánea, el negacionismo, el descrédito de la ciencia y el desafecto hacia la cultura generan un entorno en el que la labor docente se ve cuestionada y desvalorizada. Para responder a estos desafíos, la formación del profesorado debe dotar a los futuros docentes de herramientas y conocimientos que les permitan afrontar las complejidades del entorno educativo actual con eficacia y compromiso.

Uno de los principales retos es la falta de motivación y el desinterés estudiantil. Muchos adolescentes no encuentran relevancia en lo que aprenden, lo que se ve agravado por la omnipresencia de la tecnología y las distracciones digitales, que compiten constantemente con la atención en el aula. La enseñanza tradicional debe evolucionar para captar el interés de los estudiantes y conectar los contenidos con su realidad cotidiana.

Otro desafío significativo es la presión para cumplir con el currículum. Los docentes deben avanzar a un ritmo acelerado para cubrir todo el contenido estipulado, lo que deja poco margen para metodologías innovadoras, debates o proyectos que favorezcan el aprendizaje basado en la práctica. Esta limitación reduce la posibilidad de fomentar el pensamiento crítico y la participación activa del alumnado en su proceso de aprendizaje.

Además, los docentes deben enfrentarse a la incorporación de la inteligencia artificial en el ámbito educativo. La tecnología avanza rápidamente y ofrece nuevas oportunidades, pero también plantea dilemas éticos y metodológicos sobre su uso en la enseñanza. Adaptarse a estos cambios es esencial para integrar herramientas digitales de manera efectiva en el aula.

Por último, la sociedad actual es plural y diversa, lo que implica la necesidad de una educación inclusiva que fomente la colaboración con la comunidad. Los docentes deben desarrollar estrategias para atender a la diversidad del alumnado, promoviendo valores de respeto, equidad y convivencia dentro del aula.

Cuatro nuevas miradas sobre la educación en secundaria

Esta segunda edición de la Jornada "Perspectivas plurales sobre la educación secundaria" pretende seguir ampliando "la mirada que interviene en aquello que mira", a través de nuevas reflexiones y aprendizajes educativos en el área de las matemáticas, la sociología, la psicología evolutiva y la didáctica. A través de un enfoque interdisciplinar y nuevas miradas "más humanas", se pretende seguir profundizando en la comprensión de los procesos educativos y en la diversidad de enfoques que conforman el panorama actual de la enseñanza secundaria.

La primera de estas cuatro miradas es una propuesta muy innovadora que se centra en el papel crucial que las emociones y actitudes desempeñan en la enseñanza de las matemáticas, ya que generalmente, esta materia se percibe como difícil y abstracta, lo que contribuye al desinterés y a un bajo rendimiento académico. Como veremos en este artículo a través de estudios recientes, se ha demostrado que la afectividad influye en la adquisición de conocimientos y, por lo tanto, el éxito en matemáticas no depende solo de la competencia cognitiva, sino también del bienestar emocional del estudiante y del docente, influyendo significativamente en el aprendizaje. En este sentido, Marta Pla sostiene que, para mejorar el rendimiento y la percepción de la asignatura, es fundamental atender tanto a los factores emocionales del alumnado como del profesorado, incorporando estrategias que fomenten un aprendizaje positivo y significativo, lo que sin duda permitirá cambiar la visión de las matemáticas y reducir el rechazo del alumnado a esta materia.

La segunda mirada viene de la mano de Agnès van Zanten, una de las figuras más relevantes en la sociología de la educación contemporánea. Como Directora de Investigación en el CNRS y profesora en Sciences Po de París, ha desarrollado una trayectoria investigadora que ha marcado profundamente la comprensión de las desigualdades educativas y las políticas educativas en Europa. Como editora del *Dictionnaire de l'éducation* (2017), van Zanten también ha contribuido a sistematizar el conocimiento en el campo de la educación, proporcionando una herramienta valiosa para investigadores y profesionales. Sus proyectos de investigación en curso, como Educational Inequalities in the Digital Age (2022-2025) y School Choice and Social Segregation in European Cities (2021-2024), continúan ampliando nuestra comprensión de las dinámicas educativas contemporáneas.

En los últimos años, su producción científica se ha articulado en torno a tres grandes ejes de investigación. El primero, y quizás el más significativo, es el análisis de los mercados educativos y la elección escolar. En su obra *Understanding School Segregation: Patterns, Causes and Consequences of Spatial Inequalities in Education* (2018), escrita en colaboración con X. Bonal, van Zanten profundiza en cómo las dinámicas de segregación escolar se entrecruzan con las decisiones familiares y las políticas educativas. Este trabajo ha sido complementado con diversos artículos académicos, entre los que destaca "School choice and social class: how parents perceive and use their local school markets" (2021), publicado en el *European Journal of Education*, donde examina los mecanismos a través de los cuales las familias de diferentes clases sociales navegan por el sistema educativo.

El primer artículo de Agnès van Zanten y Léon Marbach (traducido por Francesc J. Hernàndez) sigue este eje y analiza cómo las redes personales influyen en los planes de educación superior de los estudiantes y cómo, a pesar del ideal de "universidad para todos", las desigualdades sociales persisten en el acceso a ciertas instituciones y programas. El capital económico, el género, el origen inmigrante, la cultura familiar, la escuela y su composición social, así como la influencia de padres, hermanos y amigos afectan en las oportunidades educativas, a la configuración de estas redes y a las aspiraciones educativas.

El segundo eje de su investigación se centra en las políticas educativas y sus implicaciones en la reproducción o mitigación de las desigualdades. Su obra *Les politiques d'éducation* (2014), que ha sido actualizada en varias ocasiones, sigue siendo una referencia fundamental para entender la evolución de las políticas educativas en Francia y Europa. En este ámbito, van Zanten ha publicado recientemente "Elite Education and the State in France: Durable Ties and New Challenges" (2020) en el *British Journal of Sociology of Education*, donde analiza la compleja relación entre el Estado y la educación de las élites en el contexto francés.

El tercer eje, que ha ganado prominencia en los últimos años, es el estudio de la internacionalización de la educación. Este interés se ha materializado en varios proyectos de investigación, como Transnational Educational Strategies of Global Elites (2023-2026), que examina cómo las familias privilegiadas desarrollan estrategias educativas que trascienden las fronteras nacionales. Su contribución más reciente al campo se refleja en una serie de artículos que abordan el impacto de la digitalización y la pandemia en las desigualdades educativas. "The Impact of COVID-19 on Educational Inequalities" (2021), publicado en el *European Educational Research Journal*, ofrece un análisis detallado de cómo la crisis sanitaria ha afectado de manera diferencial a los distintos grupos sociales en el ámbito educativo.

El segundo artículo de van Zanten (traducido por Francesc J. Hernàndez) está a caballo entre el segundo y tercer eje, ya que utilizando el concepto de "encuadre" analiza el papel de las ferias de educación superior en la orientación de los estudiantes hacia instituciones privadas y cómo éstas influyen en la percepción de los jóvenes, mediante estrategias de marketing y técnicas de "encantamiento", reforzando la mercantilización de la educación y la privatización de la orientación académica y contribuyendo a la reproducción de desigualdades sociales en el acceso a la educación superior.

La trayectoria reciente de van Zanten se caracteriza por una constante preocupación por entender cómo las transformaciones sociales –ya sean tecnológicas, sanitarias o económicas– afectan a las dinámicas educativas y las desigualdades sociales. Su obra no solo ofrece análisis rigurosos de los fenómenos estudiados, sino también marcos teóricos y metodológicos innovadores para abordar los retos educativos del siglo XXI.

El artículo de Laura Gil nos aporta una tercera mirada hacia la equidad educativa analizando los desafíos de la educación inclusiva (EI) en Secundaria, destacando barreras estructurales y la falta de formación de un gran número de docentes que no se sienten preparados para la diversidad en el aula. La autora señala cómo a pesar del intento de las políticas educativas en la promoción de la inclusión, en la práctica, muchos estudiantes con necesidades específicas (NEAE) no reciben una educación equitativa y ésta se ve influenciada por factores socioeconómicos y la falta de apoyo institucional, evidenciando dificultades en la presencia, el aprendizaje y la participación de estos alumnos. A través de diversos estudios, Laura Gil propone un cambio estructural que garantice la formación, los recursos y las metodologías inclusivas basadas en la evidencia y posibilite la inclusión como un proceso continuo para lograr una educación de calidad para todos.

Cierra esta II Jornada sobre "miradas sociales" el artículo de Xosé Manuel Souto González quien también ha sido Director del Máster en Profesorado de Educación Secundaria y un docente siempre comprometido con la educación y el estudiantado. Su artículo sobre "Diversidades y periferias: la meta de la inclusión" analiza cómo las leyes educativas han impactado en la inclusión y plantea dos desafíos principales del sistema educativo español contra la segregación escolar, que continúa clasificando a los estudiantes en función de su éxito académico y presenta, especialmente en la Comunidad Valenciana, altas tasas de abandono educativo temprano: la regulación de los contenidos escolares a través de normativas; y la no estandarización de la enseñanza. Para el autor, factores como la falta de estímulos culturales, el escaso prestigio del saber escolar y la burocracia educativa dificultan la inclusión y su análisis sobre las distintas percepciones de la marginación escolar (social, escolar y personal) y a lo largo de su estudio nos descubre una nueva mirada para legisladores, docentes y familias hacia la educación inclusiva, como un derecho y una meta alcanzable para la equidad social.

La afectividad en la enseñanza y aprendizaje de las matemáticas

MARTA PLA-CASTELLS[2]

> Otro día más sin usar el mínimo común múltiplo
>
> *Anónimo, en una red social cualquiera.*

1. Introducción

Las emociones y actitudes desempeñan un papel fundamental en la enseñanza y el aprendizaje de las matemáticas. No es casualidad que, cuando los docentes reflexionan sobre su experiencia en el aula y el proceso de aprendizaje de sus estudiantes, utilicen, con frecuencia, términos como *entusiasmo*, *apatía* o, incluso, *hostilidad* para describir las actitudes hacia la materia. De manera similar, cuando se les pregunta a los alumnos, muchos expresan su interés o, por el contrario, su aburrimiento en las clases de matemáticas. Aunque esto podría interpretarse como una simple observación anecdótica, en realidad, revela las respuestas afectivas que los estudiantes desarrollan hacia la disciplina.

De forma bastante generalizada, las matemáticas son vistas como una materia difícil y poco atractiva, una percepción que se desarrolla principalmente durante los años escolares (Grootenboer y Marshman, 2016) y son percibidas por muchos estudiantes como una materia compleja, abstracta y desconectada

---

[2]. Marta Pla-Castells, Profesora Permanente Laboral del Departamento de Didàctica de la Matemàtica en la Universitat de València.

de la realidad cotidiana. Además, se observa una disminución progresiva en las actitudes positivas del alumnado hacia las matemáticas desde la educación primaria hasta el cuarto curso de Educación Secundaria Obligatoria (Rojo et al., 2018), un hecho preocupante considerando la importancia que tiene el conocimiento matemático para el desarrollo futuro de los estudiantes. Esta percepción contribuye a que sea una de las materias más temidas, lo que se refleja en un bajo rendimiento académico y en actitudes negativas durante su aprendizaje (Bazán y Aparicio, 2006). Así, en las últimas pruebas TIMSS (INEE, 2024) y PISA (INEE, 2023) realizadas, los resultados reflejan un rendimiento en la competencia matemática con mucho margen de mejora.

A su vez, el elevado índice de dificultades y fracasos en el aprendizaje de las matemáticas, en diferentes edades y niveles educativos, puede estar estrechamente relacionado con la aparición de actitudes negativas, lo que puede acabar derivando en un círculo vicioso en el que los malos resultados y el rechazo a la materia se realimentan.

Desde la década de 1980 y, en particular, a partir de los trabajos de McLeod (1988, 1992), se ha observado un incremento progresivo en la valoración de la dimensión afectiva dentro del proceso de adquisición de conocimientos, especialmente en el ámbito del aprendizaje de las matemáticas. Aunque la especialización en el conocimiento matemático es fundamental para una enseñanza efectiva, esta no resulta suficiente por sí sola. El componente afectivo tiene un rol esencial en el desarrollo de la inteligencia, ya que existe una conexión entre la actividad cognitiva y los procesos emocionales que influye directamente en el rendimiento en matemáticas, condicionando el éxito o el fracaso en esta asignatura (Brown et al., 2021). Por ello, reconocer los factores, tanto ambientales como personales, que determinan el desarrollo de actitudes negativas es fundamental para elaborar estrategias que reduzcan su influencia y promuevan un aprendizaje más favorable.

De igual forma, numerosos autores señalan que, para mejorar la enseñanza y el aprendizaje de las matemáticas, es fundamental considerar los factores afectivos también de los profesores. En la actualidad, se reconoce que el manejo de la dimensión afectiva constituye una parte esencial de las competencias profesionales que debe desarrollar el docente de matemáticas (Carrillo-Yañez et al., 2018). Las emociones, actitudes y creencias influyen en la actividad matemática, funcionando en muchos casos como impulsores del cambio, aunque en otros pueden convertirse en barreras que dificultan la transformación (Gomez-Chacón, 2020). Los conocimientos subjetivos tienen una base profunda y suelen ser bastante estables. Por ejemplo, si un profesor cree que la mejor manera de enseñar matemáticas es a través de la práctica de rutinas y algoritmos, su enseñanza se enfocará en esos aspectos. Este fenómeno ha sido objeto de estudio durante años por diversos investigadores, quienes han demostrado que las diferentes concepciones sobre la enseñanza de las matemáticas (o sistemas de creencias) conducen a distintas prácticas pedagógicas en el aula (Ernest, 1991; Carrillo-Yañez, 1996; Raymond, 1997; Philipp, 2007; Moreano y cols., 2008).

Aunque el aspecto afectivo ha sido una inquietud recurrente tanto para el estudiantado como para el profesorado, su análisis en el ámbito de la investigación en educación matemática ha ocupado, hasta tiempos recientes, un lugar secundario. Si bien la afectividad en la enseñanza de las matemáticas es abordada en la literatura también desde el punto de vista de quien imparte la materia, creemos oportuno realizar un análisis que se centre, de manera diferenciada, en la influencia de la afectividad en los docentes y en los estudiantes. En este capítulo analizaremos, desde esta perspectiva, diversos trabajos que analizan la afectividad en la enseñanza y el aprendizaje de las matemáticas. Nos centraremos en estudios, tanto cualitativos como cuantitativos, sobre el estudiantado durante toda la etapa obligatoria y sobre el profesorado, haciendo mención especial al profesorado en formación, sin dejar de lado los estudios teóricos que conforman la base de la relación afecto-cognición en el ámbito de las matemáticas.

No obstante, nos encontramos en primer lugar con una dificultad para abordar esta tarea, ya que, a pesar del progresivo aumento de investigaciones sobre la influencia del dominio afectivo en la educación matemática, no se ha logrado un consenso claro respecto a la definición del concepto de afectividad en el contexto de la enseñanza de las matemáticas (McLeod y Adams, 2012). Por esta razón, consideramos fundamental iniciar el capítulo definiendo las dimensiones afectivas que serán tratadas en este estudio. Tras la segunda sección, que aborda esta definición, el capítulo se desarrolla presentando, en primer lugar, la afectividad desde el punto de vista del profesorado y discutiendo, en segundo lugar, la afectividad desde el punto de vista de los estudiantes.

2. La afectividad en la enseñanza y el aprendizaje de las matemáticas

En el campo de la educación matemática, el enfoque alternativo de investigación sobre el afecto que cobró mayor impulso en la década de los 90 surgió fuera del ámbito de la psicología evolutiva y bajo la influencia de los desarrollos más recientes de la psicología cognitiva. Uno de sus principales exponentes en el área de las matemáticas fue McLeod (1992), cuyas investigaciones se basaron en la teoría de Mandler, quien se había centrado en el proceso de enseñanza y aprendizaje en la resolución de problemas matemáticos (Mandler, 1984, 1989). McLeod (1992) exploró el papel fundamental que juegan los factores afectivos en la educación matemática y propuso una nueva forma de conceptualizar la investigación en este campo. En su estudio se argumenta que la enseñanza y el aprendizaje de las matemáticas no pueden separarse de las *emociones*, *creencias* y *actitudes* de los estudiantes y docentes y por ello las define como las tres áreas clave en el dominio afectivo.

Las *emociones* son respuestas organizadas que involucran aspectos fisiológicos, cognitivos, motivacionales y experienciales (Gómez-Chacón, 2002) y surgen ante un evento con un significado positivo o negativo para el individuo. Las emociones en el aprendizaje matemático están influenciadas por las expectativas y creencias del estudiante sobre la actividad matemática, sobre sí mismo y sobre su interacción en clase.

Las *creencias* matemáticas forman parte del conocimiento subjetivo del individuo sobre las matemáticas y su enseñanza, basadas en la experiencia. Se diferencian de las concepciones conscientes y tienen un fuerte componente afectivo. Las creencias de los estudiantes juegan un papel clave en la construcción de la realidad social del aula y pueden dar significado a sus respuestas emocionales. Además, las prácticas sociales y las condiciones culturales influyen en cómo los individuos experimentan y expresan sus emociones en el contexto educativo. Estas emociones están vinculadas a valores y a la identidad social del estudiante (Gómez-Chacón, 1997b).

McLeod (1988) señaló que existen dos tipos principales de creencias que influyen tanto en docentes como en estudiantes: las creencias sobre las matemáticas y las creencias sobre uno mismo. Las creencias sobre las matemáticas se refieren a lo que una persona piensa acerca de la naturaleza de las matemáticas en sí. Las creencias sobre uno mismo en relación con las matemáticas son más personales y tienen que ver con cómo una persona se percibe a sí misma en el contexto del aprendizaje matemático. Estas creencias impactan directamente la autoeficacia y la motivación. Un estudiante que cree en su capacidad para aprender matemáticas probablemente enfrentará los problemas con más confianza y persistencia, mientras que uno que duda de su habilidad puede evitar desafíos o rendirse rápidamente. McLeod (1988) propuso cambiar las creencias sobre las matemáticas (por ejemplo, mostrar que hay múltiples formas de resolver problemas), lo que puede hacer que los estudiantes vean la materia de forma más accesible y menos intimidante y trabajar en las creencias sobre uno mismo (fomentando la confianza y la mentalidad de crecimiento) para aumentar la disposición del estudiante a participar activamente y persistir ante dificultades.

Por último, las *actitudes* en la educación matemática se definen de manera más amplia que en la psicología y se miden a través de instrumentos específicos. Sus componentes incluyen: la percepción de la utilidad de las matemáticas, la autoconfianza en la materia, la percepción de la matemática según la enseñanza de los profesores y la ansiedad como factor emocional negativo (Gómez-Chacón, 2002). Las actitudes hacia la Matemática se refieren a la valoración y aprecio por la disciplina y su aprendizaje, destacando más el componente afectivo que el cognitivo. Pueden manifestarse en la confianza y la curiosidad del estudiante y en su valoración de la matemática. Se relacionan con los siguientes aspectos: actitud hacia la matemática y los matemáticos (aspectos sociales de la matemática); interés por el trabajo matemático y científico; actitud hacia la matemática como asignatura; actitud hacia determinadas áreas de la matemática y actitud hacia los métodos de enseñanza (Gómez-Chacón, 2002).

El diseño curricular base de matemáticas en España enfatiza estas actitudes en la apreciación de la utilidad de la matemática en la vida cotidiana y en otras disciplinas y en su belleza, potencia y simplicidad (Ministerio de Educación y Formación Profesional, 2022a, 2022b, 2022c). Sin embargo, según los *Principles and standards for school mathematics* (NCTM, 2000), se considera que gustar de las matemáticas no garantiza una actitud matemática adecuada y, por ello, es clave desarrollar hábitos como la formulación de conjeturas, la autonomía intelectual y la disposición para resolver problemas. El currículo educativo destaca la importancia de estas actitudes en el desarrollo del pensamiento lógico, la confianza y la capacidad de aprender y resolver problemas matemáticos de manera autónoma.

Los tres componentes de la dimensión afectiva hacia las matemáticas están estrechamente interrelacionados. Al enfrentarse a tareas matemáticas, las creencias de los estudiantes pueden influir en la aparición de emociones como la tensión o el miedo ante la posibilidad de no completar una actividad con éxito o de fracasar y, cuando estas emociones se mantienen en el tiempo, pueden provocar bloqueos mentales. Este temor excesivo hacia las matemáticas y la resolución de problemas se conoce como ansiedad matemática, la cual puede llevar a una actitud de evitación de las tareas relacionadas con la asignatura, interfiriendo así en el rendimiento académico en esta área (Daharnis et al., 2019). En consecuencia, la relación entre el dominio afectivo y el aprendizaje es bidireccional. Por un lado, las emociones y actitudes influyen en la capacidad de los estudiantes para aprender; por otro, el propio proceso de aprendizaje genera respuestas afectivas que afectan el rendimiento en matemáticas (Jacobs y Durandt, 2017).

3. La afectividad desde el punto de vista del alumnado

Diversos investigadores han destacado que los afectos, incluyendo emociones, actitudes y creencias, son factores fundamentales para comprender el comportamiento de los estudiantes en el aprendizaje de las matemáticas. En particular, se ha señalado el papel crucial de las creencias (Schoenfeld, 1985 y 1992; Op't Eynde, De Corte, y Verschaffel, 2002; Callejo y Vila, 2009; Öztürk y Güven, 2016; Dang, 2021) y de las emociones (McLeod, 1992, Gómez-Chacón, 1997b, 2020; Beltrán-Pellicer y Godino, 2020; Özdemir y Pape, 2022) como determinantes del éxito o fracaso en esta disciplina, una perspectiva respaldada por numerosos expertos en didáctica de la matemática.

Los aspectos más destacados sobre las consecuencias de los afectos incluyen: su fuerte impacto en cómo los estudiantes aprenden y utilizan las matemáticas; su influencia en la construcción del autoconcepto como aprendices de matemáticas; su papel en la estructuración del entorno social del aula; la interacción que se da con el sistema cognitivo y los obstáculos que generan creencias rígidas y negativas sobre las matemáticas, las cuales pueden hacer que los estudiantes se enfoquen más en la memorización que en la comprensión (Gómez-Chacón, 2002). La Figura 1 extraída de Gómez-Chacón (1997b) ilustra y sintetiza la teoría de Mandler y McLeod en relación con este concepto. Comentamos a continuación tres aspectos de la teoría de Mandler (1989) que facilitan la interpretación de este diagrama.

Figura 1:

Diagrama interpretativo sobre la teoría de Mandler y McLeod. Adaptada de Gomez-Chacón (1997b)

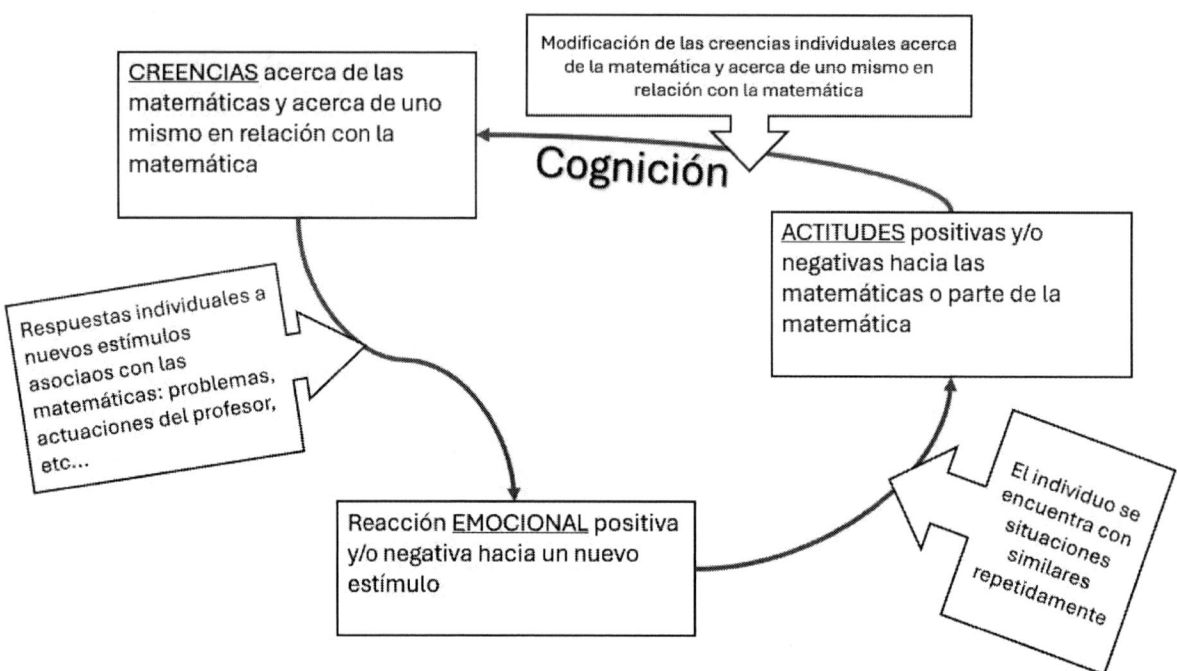

El papel de los planes en el aprendizaje: De acuerdo con Mandler (1989), los estudiantes desarrollan planes de acción dentro de contextos específicos. No obstante, cuando estos planes no resultan como se esperaba, aparece una sensación de tensión. Es habitual que los alumnos deseen completar una tarea matemática, pero se enfrenten a obstáculos que dificultan su ejecución. En este proceso, los planes elaborados reflejan sus creencias tanto sobre sus propias habilidades como sobre la naturaleza de las matemáticas.

La activación emocional y sus efectos: Estas tensiones provocan respuestas fisiológicas, conocidas como activación, que pueden manifestarse en forma de frustración o excitación ante la expectativa de un resultado. Entre estas respuestas fisiológicas se encuentran la tensión muscular o el incremento del ritmo cardíaco, entre otras. Estas reacciones suelen generar emociones positivas o negativas que, aunque temporales, pueden ser muy intensas y captar completamente la atención del estudiante.

La consolidación de actitudes: Cuando estas situaciones de tensión se repiten en contextos similares y generan respuestas emocionales consistentes, la activación se convierte en un proceso automatizado, lo que lleva a la formación de actitudes. Con el tiempo, estas actitudes pueden influir en la transformación de las creencias del estudiante tanto sobre las matemáticas como sobre su capacidad para aprenderlas.

En general, la relación entre emociones, actitudes y creencias con el aprendizaje de las matemáticas es esencial. La experiencia del estudiante en la materia influye en la formación de sus creencias y puede provocar diferentes reacciones que impactan su proceso de aprendizaje. Además, las creencias que sostiene el sujeto tienen una consecuencia directa en su comportamiento en situaciones de aprendizaje y su capacidad para aprender. En este sentido Molera Botella (2011) realizó un estudio para medir las actitudes, emociones y creencias de los alumnos de tercer ciclo de primaria (10 a 12 años) hacia las matemáticas. El estudio confirmó que los factores afectivos desempeñaron un papel clave en el aprendizaje de las matemáticas. Se evidenció que las creencias, actitudes y emociones de los estudiantes influyeron en su desempeño académico y en su relación con la asignatura. Muchas dificultades en el aprendizaje de las matemáticas no solo se deben a problemas cognitivos, sino también a barreras emocionales como la ansiedad, la falta de confianza o la percepción de las matemáticas como una asignatura difícil y abstracta.

Las actitudes de los estudiantes hacia las matemáticas suelen volverse menos positivas con el tiempo. Algunos estudios han demostrado que el disfrute y la confianza en las matemáticas disminuyen a medida que los estudiantes avanzan en el sistema educativo, lo que está correlacionado con una menor disposición a participar en cursos avanzados (Grootenboer y Marshman, 2016; Agüero Calvo y cols., 2017; Moreira-Mora y Mora-Rodríguez, 2021). Por ello, es crucial que los educadores implementen prácticas pedagógicas que mantengan el interés y la confianza de los estudiantes en las matemáticas, especialmente durante la transición a la secundaria.

La complejidad propia de las características epistemológicas de las matemáticas no basta por sí sola para justificar el rechazo que genera esta materia. Diversas investigaciones han evidenciado que las dificultades que enfrentan los estudiantes al resolver problemas están vinculadas tanto a factores cognitivos como afectivos (Hannula et al, 2016). Según Hannula (2019), una actitud afectiva negativa hacia las matemáticas impacta de forma adversa en el proceso de aprendizaje, lo que, a su vez, repercute en una disminución del rendimiento académico. En concordancia con la idea de consolidación de actitudes discutida anteriormente, cuando un estudiante enfrenta situaciones similares repetidamente, sus reacciones emocionales (como satisfacción o frustración) pueden automatizarse y consolidarse en actitudes. Estas actitudes y emociones, a su vez, influyen en la formación de sus creencias, afectando su relación con la matemática a largo plazo (Gómez-Chacón, 1997a).

Las emociones intensas, como la ansiedad o la euforia, desempeñan un papel clave en el aprendizaje matemático. Existen estudios que muestran cómo los estudiantes pueden experimentar miedo extremo o incluso pánico al enfrentarse a problemas matemáticos. Sin embargo, también hay emociones positivas, como la satisfacción que surge al resolver un problema difícil (Ashcraft y

Ridley, 2005; Suárez-Pellicioni, Núñez-Peña y Colomé, 2013; Suárez-Pellicioni, Núñez-Peña y Colomé, 2016).

Grootenboer y Marshman (2016) sugieren que el desarrollo de identidades matemáticas positivas puede llevar a un mejor rendimiento y una mayor participación en las matemáticas. Estas identidades matemáticas integran las dimensiones afectivas, cognitivas y conativas del aprendizaje matemático, así como las creencias, valores, actitudes, emociones, disposiciones, habilidades y experiencias de vida.

De la misma forma, es necesario mejorar la perspectiva de los estudiantes. Si poseen una idea rígida sobre cómo debe ser el aprendizaje, es probable que rechacen otras metodologías, reaccionando con emociones negativas. Por ello, es clave diseñar intervenciones que les ayuden a superar estas barreras y facilitar su participación activa en la actividad matemática (Gómez-Chacón, 2002).

En esta línea, Fossa y Cortés-Rivera (2023) enfatizan la relevancia de adoptar un enfoque interdisciplinario, multinivel y basado en perspectivas tanto de primera como de tercera persona para el estudio de la afectividad en el aprendizaje. Subrayan la importancia de integrar diversas perspectivas y metodologías con el fin de comprender la compleja interacción entre las emociones y los procesos de aprendizaje y proponen que el análisis de la afectividad evolucione hacia un enfoque más integrador y holístico. La combinación de la interdisciplinariedad, el análisis multinivel y el uso de métodos cualitativos y cuantitativos puede contribuir significativamente a mejorar tanto la educación emocional como el aprendizaje en general.

3.1. Aspectos socioculturales

Las perspectivas socioculturales influyen en la enseñanza y el aprendizaje de las matemáticas. Así, Lerman (1996) sostiene que el aprendizaje de las matemáticas no es únicamente un proceso individual, sino que está profundamente influenciado por los contextos sociales y culturales. El autor subraya la relevancia de las interacciones sociales, el uso del lenguaje y las prácticas culturales en la construcción del conocimiento matemático y cómo las prácticas pedagógicas están influenciadas por las normas y valores culturales de la comunidad. Las actitudes hacia la colaboración, la resolución de problemas y la valoración del pensamiento crítico en matemáticas pueden variar según el contexto sociocultural, afectando la manera en que se enseña y se aprende la materia.

También Goos (2014) analizó cómo las oportunidades de aprendizaje en matemáticas pueden ser entendidas desde una perspectiva sociocultural. La autora enfatiza la importancia de considerar el contexto social y cultural en el que se desarrolla el aprendizaje matemático, argumentando que factores como la interacción social, el lenguaje y las prácticas culturales influyen significativamente en la comprensión y adquisición de conocimientos matemáticos. Goos propone que, al reconocer y aprovechar estas influencias socioculturales, los educadores pueden crear entornos de aprendizaje más inclusivos y efectivos que promuevan una comprensión más profunda de las matemáticas por parte de los estudiantes.

De manera similar, Planas y Valero (2016) analizaron en su artículo la interrelación entre los factores socioculturales y políticos en la educación matemática. En su estudio argumentaron que, para entender de manera integral cómo se enseña y aprende matemáticas, es imprescindible considerar no solo los aspectos cognitivos, sino también las influencias sociales, culturales y políticas que afectan el proceso educativo. El contexto sociopolítico tiene un impacto directo en las prácticas pedagógicas y en las oportunidades de aprendizaje de los estudiantes. Además, las políticas educativas, las normas culturales, las estructuras de poder y las dinámicas sociales pueden influir tanto en docentes como en estudiantes, al priorizar determinados enfoques pedagógicos o contenidos curriculares que inciden en la forma en que se enseñan las matemáticas y en los aspectos que se enfatizan en el aula. Planas y Valero (2016) subrayan la importancia de adoptar un enfoque holístico que contemple estas dimensiones para mejorar la educación matemática. Esto requiere reconocer y abordar las influencias socioculturales y políticas presentes en el entorno educativo, promoviendo prácticas pedagógicas inclusivas y equitativas.

Más recientemente, Towers, Takeuchi y Martin (2018) exploraron cómo distintos contextos influyen en las relaciones emocionales que los estudiantes de entre 4 y 9 años desarrollan con las matemáticas. Utilizando autobiografías matemáticas, que incluyen relatos y dibujos elaborados por los propios estudiantes, los autores identificaron diversas influencias contextuales, como las opiniones de los padres y las normas culturales relacionadas con las prácticas educativas en el aula. Su análisis muestra que tanto las experiencias previas como las actuales en el entorno escolar, junto con las interacciones familiares, desempeñan un papel fundamental en la formación de las percepciones y emociones de los niños hacia las matemáticas.

3.2. Interacción cognición-afecto

Para Mandler (1989a), la emoción es una interacción compleja entre el sistema cognitivo y el biológico. En su teoría de la discrepancia explica cómo las creencias de los estudiantes y su interacción con los problemas de matemáticas generan respuestas afectivas. Cuando la enseñanza difiere de lo que los alumnos esperan, surge una discrepancia entre sus expectativas y experiencias, lo que puede generar reacciones emocionales intensas. Esta teoría ayuda a analizar los sistemas de creencias y afectos; las reacciones emocionales negativas se deben a discrepancias entre lo esperado y lo vivido, por lo que es clave rastrear las causas en las creencias y expectativas del estudiante y comprenderlas es fundamental para mejorar el aprendizaje en la resolución de problemas (Thompson y Thompson, 1989). En la misma línea, McLeod (1992) señala que los factores afectivos influyen en la disposición de los estudiantes para enfrentarse a problemas matemáticos no rutinarios, afectando a su motivación y actitud ante estos desafíos.

Los afectos hacia las matemáticas regulan la estructura del conocimiento del estudiante y determinan cómo actúa, piensa y orienta su aprendizaje. Si un estudiante asocia la matemática solo con el cálculo desde la primaria, en el futuro puede tener dificultades con tareas que requieran pensamiento crítico, mostrando miedo, desánimo y falta de efectividad en su abordaje (Gomez-Chacón, 2020). Por ello, conocer hechos, algoritmos y procedimientos no garantiza el éxito en el aprendizaje matemático. Las dificultades de los estudiantes radican en sus creencias sobre la matemática y sobre sí mismos, las cuales configuran su perspectiva matemática y su actitud hacia la disciplina.

En la línea de la resolución de problemas, diversos autores han abordado los enfoques propuestos por Mandler (1989) denominados macroanálisis y microanálisis. El microanálisis se centra en el estudio de las emociones a nivel global, considerando factores como las creencias y actitudes generales hacia las matemáticas. Por otro lado, el microanálisis se enfoca en las emociones que surgen durante la interacción directa con problemas específicos, analizando las respuestas emocionales inmediatas que ocurren en el proceso de resolución.

En sus estudios, Gil Ignacio, Blanco Nieto y Guerrero Barona (2005) y Guevara Kaiser y Zaieg (2018) abordaron las emociones que los estudiantes experimentan en situaciones concretas de aprendizaje, como la ansiedad o el disfrute al enfrentarse a una tarea matemática particular. En estudios realizados con estudiantes de secundaria y con profesorado de primaria en formación, Bataller et al. (2022) y García Cerdá et al. (2024) muestran que, tanto el formato en el que se presentan los problemas (problemas intra-matemáticos, textuales o por medio de descripciones gráficas), como el tipo de problemas (problemas de modelización frente a problemas textuales o intra-matemáticos) pueden generar una menor o mayor sensación de disfrute. En estos estudios se evidencia que el análisis de Mandler (1989) ofrece una comprensión más amplia del papel de las emociones, demostrando que su estudio no se limita a contextos simples, como el procesamiento de tareas, la aparición de errores, la reacción emocional y el regreso a la actividad. Este enfoque permite también entender cómo operan las emociones en situaciones de la vida real. Por ejemplo, cuando una persona se enfrenta a una tarea, comete errores y, en lugar de intentarlo nuevamente, opta por abandonar, sumergiéndose de manera inconsciente en pensamientos de autocompasión o en fantasías relacionadas con su supuesta incompetencia, activando así mecanismos de defensa que refuerzan estas percepciones negativas.

Estudios recientes han explorado la relación entre la educación matemática basada en la indagación (*Inquiry-Based Mathematics Education*, IBME) y las actitudes de los estudiantes hacia las matemáticas (Gómez-Chacón y cols, 2024). Los resultados de estas investigaciones muestran una evolución positiva en los perfiles de los estudiantes, evidenciada por un incremento significativo en la percepción de la utilidad de las matemáticas, una mejora en el autoconcepto matemático y una disminución en la percepción de incompetencia en esta disciplina. En términos generales, la experiencia realizada en el estudio confirma que la integración de enfoques de indagación en la enseñanza de las matemáticas tiene el potencial de transformar la forma en que los estudiantes perciben y valoran esta materia. Este tipo de metodología no solo promueve una comprensión más profunda de los conceptos matemáticos, sino que también fortalece la confianza y la disposición de los estudiantes hacia el aprendizaje, facilitando el desarrollo de una actitud más positiva y comprometida con la disciplina.

En este sentido, el campo de la modelización matemática ofrece perspectivas poco exploradas en la relación entre el dominio afectivo y la resolución de tareas abiertas y complejas. Campeón-Becerra y Villa-Ochoa (2022) llevaron a cabo una revisión de la literatura con el propósito de identificar las relaciones entre el dominio afectivo y la modelización matemática. Los resultados revelaron que, en algunos estudios, existe una relación bidireccional en la que el dominio afectivo influye en la modelización matemática y, a su vez, esta impacta en el ámbito afectivo. En otros trabajos, se observa que la inclusión de actividades de modelización en el aula afecta el dominio afectivo de los estudiantes, ya sea de forma positiva o negativa. Los autores concluyen que estas interacciones aún necesitan ser investigadas en mayor profundidad para comprender completamente su dinámica y sus implicaciones en el proceso de enseñanza-aprendizaje.

En este contexto, diversos estudios han demostrado que la afectividad desempeña un papel fundamental en la resolución de tareas de modelización matemática, influyendo directamente en el desempeño y en la disposición de los estudiantes para enfrentar desafíos. Así, Ferrando, Segura y Castillo (2024) identificaron diferencias significativas entre estudiantes talentosos y estudiantes regulares en relación con sus emociones, actitudes y capacidad de regulación emocional. Los estudiantes talentosos tienden a mostrar mayor confianza y perseverancia en la resolución de problemas, mientras que los estudiantes regulares suelen experimentar niveles más altos de ansiedad y menor seguridad en sus habilidades matemáticas. A partir de estos hallazgos, se recomienda la implementación de estrategias en el aula que fortalezcan la confianza y la persistencia de los estudiantes regulares. Fomentar un entorno de aprendizaje que refuerce la autoeficacia y reduzca la ansiedad puede ayudar a estos estudiantes a desarrollar una actitud más positiva hacia el aprendizaje de las matemáticas y la modelización matemática.

4. La afectividad desde el punto de vista del profesorado

Las expectativas, creencias y actitudes del docente hacia las matemáticas desempeñan un papel crucial en la configuración de sus prácticas pedagógicas. Desde esta perspectiva, resulta fundamental abordar la dimensión afectiva y desarrollar propuestas que busquen modificar aquellas actitudes que dificultan la consecución de aprendizajes significativos (Fernández-Cézar et al., 2018; León-Mantero et al., 2020). En este sentido, se destaca la necesidad de investigar el dominio afectivo en los futuros docentes de matemáticas (Zumaeta et al., 2018). Una actitud negativa hacia las matemáticas por parte del futuro profesorado de primaria puede obstaculizar el desempeño adecuado de la enseñanza, derivando en una transmisión ineficaz de los contenidos y afectando, a su vez, a la percepción y actitud del alumnado hacia la materia (Segarra y Pérez-Tyteca, 2017).

Para optimizar la enseñanza y el aprendizaje de las matemáticas, es fundamental tener en cuenta los factores afectivos tanto de los estudiantes como de los profesores (Gómez-Chacón, 2000). Emociones, actitudes y creencias pueden actuar como catalizadores o barreras en la actividad matemática, influyendo de manera significativa en el proceso educativo. Los conocimientos y percepciones subjetivas, especialmente en el caso de los docentes, suelen tener una notable estabilidad. Por ejemplo, si un profesor está convencido de que la mejor forma de enseñar matemáticas se basa en la repetición de ejercicios y la aplicación de algoritmos, es probable que estructure su enseñanza en torno a estos métodos. Esta elección pedagógica no solo afecta la dinámica del aula, sino que también moldea la percepción que los alumnos desarrollan sobre la materia.

Ernest (1991) identifica cinco concepciones ideológicas que los docentes pueden adoptar en la enseñanza de las matemáticas y que influyen significativamente en los métodos pedagógicos del docente, en la relación con los estudiantes y en las expectativas de aprendizaje. La concepción de *formador in-*

dustrial se centra en preparar a los estudiantes para desempeñar roles en entornos industriales y técnicos, con un énfasis en el desarrollo de habilidades prácticas y la eficiencia. Por otro lado, el *pragmático tecnológico* destaca la aplicabilidad de las matemáticas en la vida cotidiana y en distintas profesiones, promoviendo un enfoque funcional y práctico del aprendizaje matemático. La perspectiva del *antiguo humanista* valora las matemáticas como una disciplina intelectual que fomenta el pensamiento lógico y abstracto. En contraste, el *educador progresista* impulsa un aprendizaje centrado en el estudiante, promoviendo la exploración, el descubrimiento y la construcción personal del conocimiento matemático. Finalmente, el *educador público* defiende una educación matemática orientada a empoderar a los estudiantes para que participen de manera crítica en la sociedad, destacando valores como la justicia social y la equidad.

La adopción de una u otra de estas ideologías por parte de los docentes impacta directamente en sus prácticas de enseñanza, en las dinámicas en el aula y en las expectativas respecto al aprendizaje de los estudiantes. Por ejemplo, un docente con una concepción *formador industrial* puede priorizar la repetición de ejercicios y la adquisición de habilidades técnicas específicas, mientras que un *educador progresista* podría enfocarse en métodos más abiertos y participativos, como la resolución de problemas complejos y el aprendizaje cooperativo. A su vez, el *antiguo humanista* pondrá el énfasis en la transmisión de conocimientos tradicionales y en el rigor académico, privilegiando la teoría y la estructura formal del saber matemático, frente al *pragmático tecnológico*, que tiende a vincular los contenidos con situaciones reales y contextos laborales concretos. Comprender estas ideologías resulta esencial para analizar y mejorar las prácticas pedagógicas en la educación matemática, permitiendo ajustar los enfoques de enseñanza a las necesidades y contextos de los estudiantes.

4.1. La incorporación de la afectividad en la práctica docente

Para desarrollar una enseñanza más efectiva desde la perspectiva de las creencias, se pueden considerar los modelos de Ernest (1989) y Thompson (1992), que enfatizan la autoridad compartida entre estudiantes y profesores y otros elementos que influyen en la construcción de la comunidad matemática en el aula. Igualmente, estudios empíricos han demostrado que incorporar la dimensión afectiva en el currículo mejora la competencia emocional del estudiante (Molera Botella, 2011; Perpiñà Martí, Sidera Caballero, y Serrat Sellabona, 2021).

Se han identificado diversas estrategias pedagógicas, basadas en estudios previos, que buscan mejorar tanto el aprendizaje como la actitud de los estudiantes hacia las matemáticas (Schukajlow, Rakoczy y Pekrun, 2023). Una de estas estrategias es la enseñanza centrada en el estudiante, que se apoya en métodos interactivos y cooperativos para fomentar la participación activa del alumnado. Este enfoque permite que los estudiantes se involucren de manera más directa en su propio proceso de aprendizaje, creando un ambiente más dinámico y colaborativo.

Otra estrategia relevante es la personalización de los problemas matemáticos. Adaptar los ejercicios a los intereses y experiencias personales de los estudiantes no solo hace que las actividades resulten más atractivas, sino que también incrementa la motivación y el compromiso con la materia. En la misma línea, las intervenciones orientadas a resaltar el valor de la tarea buscan que los estudiantes reflexionen sobre la relevancia de las matemáticas en su vida cotidiana. Comprender la aplicación práctica de estos conocimientos contribuye a generar una conexión más significativa con la asignatura.

El uso de nuevas tecnologías también ha demostrado ser una herramienta eficaz para mejorar la motivación y reducir la ansiedad asociada al aprendizaje matemático. La implementación de recursos como la realidad aumentada y el software educativo permite crear experiencias de aprendizaje más interactivas y atractivas, facilitando la comprensión de conceptos complejos. Finalmente, la formación en estrategias de aprendizaje se presenta como un componente clave para fortalecer la autoeficacia de los estudiantes. Enseñarles técnicas efectivas para resolver problemas matemáticos no solo mejora su rendimiento académico, sino que también refuerza su confianza en sus propias capacidades.

Del mismo modo, es crucial atender a la perspectiva de los estudiantes. Cuando los alumnos poseen creencias negativas sobre su capacidad para comprender y aplicar conceptos matemáticos, tienden a resistirse a la implementación de nuevas metodologías y a manifestar respuestas emocionales adversas, como la ansiedad o la frustración. Por esta razón, resulta esencial diseñar intervenciones específicas que ayuden a los estudiantes a superar estos bloqueos emocionales y a mejorar su relación con las matemáticas, promoviendo una experiencia de aprendizaje más positiva y significativa (Schukajlow, Rakoczy y Pekrun, 2023; Schoenherr, Schukajlow, y Pekrun, 2025).

Tal como se analizó en el Apartado 3.1, la identificación de los estilos socioemocionales en el aula puede ser una herramienta clave para personalizar la educación, optimizando así el desarrollo socioemocional de los estudiantes. Este enfoque no solo contribuye a un ambiente de aprendizaje más inclusivo y efectivo, sino que también permite atender de manera más precisa las necesidades individuales de cada alumno. Por esta razón, resulta fundamental que la formación del futuro profesorado contemple la consideración de las diferencias individuales en la afectividad, ya que esta perspectiva puede mejorar significativamente tanto la enseñanza como el aprendizaje (Silva y Medina, 2023). Integrar este enfoque en los programas de formación docente no solo fortalecerá las competencias pedagógicas, sino que también promoverá una mayor sensibilidad hacia los factores emocionales que influyen en el proceso educativo.

4.2. La formación de los futuros docentes

La formación inicial y continua de los docentes puede influir significativamente en sus creencias y actitudes hacia la enseñanza de las matemáticas. Sin embargo, los efectos de estos programas no siempre son duraderos, ya que las creencias pueden ser contextuales y susceptibles a cambios según las experiencias que los docentes enfrenten en su práctica profesional (Leder y Grootenboer, 2005)

Los programas de formación pueden modificar las creencias de los futuros docentes, ayudándolos a adoptar enfoques más dinámicos y menos tradicionales en la enseñanza de las matemáticas. Tras la participación en programas de formación, los docentes en formación desarrollaron actitudes más positivas hacia la enseñanza de las matemáticas, incrementaron su confianza en la instrucción matemática y adoptaron una perspectiva más constructivista sobre el aprendizaje de los estudiantes.

La excelencia docente no puede concebirse sin la inclusión de la dimensión afectiva en el proceso educativo (Vivas y Scifo, 2023). La enseñanza efectiva no solo depende de la adquisición de competencias pedagógicas, sino también de habilidades emocionales e interpersonales que permitan a los docentes conectar con sus estudiantes y crear un entorno de aprendizaje positivo. En este sentido, se recomienda que la formación docente incorpore de manera explícita el entrenamiento en inteligencia emocional, así como el desarrollo de estrategias para la gestión del aula desde un enfoque afectivo. Estas competencias no solo facilitan la creación de un clima propicio para el aprendizaje, sino que también contribuyen al bienestar emocional de los estudiantes, favoreciendo su rendimiento académico y su desarrollo personal.

Sin embargo, estos cambios en las creencias no siempre se sostienen a largo plazo. Una de las razones es que las experiencias en el aula pueden reforzar creencias preexistentes, especialmente si los docentes enfrentan dificultades con estudiantes que muestran ansiedad o desinterés en matemáticas y pueden estar influenciadas por sus propias experiencias como estudiantes (Leder y Grootenboer, 2005).

En entornos donde se promueve la innovación pedagógica y el aprendizaje basado en la resolución de problemas, los docentes tienen mayores oportunidades de consolidar enfoques positivos y constructivistas. Sin embargo, en instituciones donde se prioriza la enseñanza basada en exámenes y la instrucción repetitiva, los docentes pueden sentirse presionados a adoptar métodos más tradicionales, incluso si su formación promovía enfoques más participativos (Leder y Grootenboer, 2005).

Frente a estos desafíos (Leder y Grootenboer, 2005) recomiendan que los programas de formación docente integren experiencias prácticas desde el inicio, permitiendo que los futuros docentes experimenten la enseñanza en entornos reales para consolidar sus creencias pedagógicas, proporcionen estrategias de autorregulación emocional, ayudando a los docentes a manejar sus propias emociones y a comprender el impacto de las emociones en el aprendizaje de los estudiantes, fomenten comunidades de práctica docente, donde los profesores puedan reflexionar sobre sus experiencias y compartir estrategias para enfrentar los desafíos en la enseñanza de las matemáticas y promuevan la investigación-acción, permitiendo que los docentes analicen sus propias prácticas y realicen ajustes basados en evidencia.

En el contexto de la educación matemática, uno de los retos principales es aislar los factores que favorecen el desarrollo de actitudes positivas hacia la enseñanza de esta disciplina. Marbán, Palacios y Maroto (2021) identificaron la ansiedad matemática como un factor que influye de manera significativa en la formación de actitudes negativas hacia la enseñanza de las matemáticas, convirtiéndose en un obstáculo importante que puede limitar la disposición del docente a abordar la materia con confianza y entusiasmo. Por otro lado, la autoeficacia matemática, entendida como la confianza del docente en su capacidad para enseñar matemáticas, se identifica como un factor determinante en su disposición y efectividad en el aula. Otro aspecto clave que abordaron en el mismo estudio es la percepción de dificultad, que establece una relación directa entre el grado de complejidad que el docente atribuye a las matemáticas y su disfrute al enseñarlas. Aquellos que perciben las matemáticas como excesivamente difíciles tienden a experimentar menor satisfacción al impartir la materia, lo que puede afectar la calidad de la enseñanza. Finalmente, los autores analizaron la utilidad percibida de las matemáticas, que influye directamente en la motivación de los futuros docentes. Cuando los docentes reconocen la relevancia práctica de las matemáticas, se sienten más motivados para enseñar la materia de manera efectiva.

A través de una revisión sistemática de la literatura, Soto-Cerros, García-González y Pascual-Martín (2023) examinan la relación entre el Dominio Afectivo (DA) y el modelo Mathematics Teacher's Specialized Knowledge (MTSK) en el contexto de la educación matemática. Los autores sostienen que es esencial incorporar el Dominio Afectivo en el conocimiento especializado del profesorado de matemáticas, dado que las emociones, creencias y actitudes no solo influyen en la manera en que los docentes enseñan, sino también en cómo los estudiantes perciben y aprenden la materia. Una de las principales conclusiones del estudio es que la interrelación entre DA y MTSK ofrece una valiosa oportunidad para profundizar en el análisis de la formación docente. En este sentido, los autores proponen un enfoque más integral de la formación del profesorado, que no se limite únicamente a los aspectos cognitivos y técnicos del conocimiento matemático, sino que también contemple las dimensiones afectivas. Incluir estos componentes afectivos en los modelos teóricos de enseñanza matemática permitiría una comprensión más completa de los procesos de enseñanza-aprendizaje y contribuiría al diseño de programas de formación docente que aborden tanto el desarrollo de competencias matemáticas como la gestión de factores emocionales que pueden influir en la práctica pedagógica.

45

Vemos, en definitiva, que la formación inicial de docentes debe incluir de manera explícita la educación emocional como un componente fundamental en la enseñanza de las matemáticas. Incorporar programas de intervención que integren estrategias metacognitivas y afectivas puede mejorar significativamente no solo el desempeño académico de los futuros profesores, sino también su bienestar emocional. Este enfoque contribuiría a fortalecer su preparación para enfrentar los desafíos del aula, promoviendo una enseñanza de las matemáticas más efectiva y sensible a las necesidades afectivas de los estudiantes (Caballero, Blanco y Guerrero, 2011).

4.3. La formación en resolución de problemas

Tal y como se ha visto en todo el capítulo, la resolución de problemas supone un desafío en el aprendizaje y la enseñanza de las matemáticas. Son varios los investigadores que han analizado la relación entre la resolución matemática y su relación con la afectividad y la forma en la que se aborda en la enseñanza de las matemáticas.

En su estudio, Caballero, Blanco y Guerrero (2011) propusieron un modelo integrador que combinaba estrategias cognitivas y emocionales con el objetivo de mejorar la enseñanza de la resolución de problemas matemáticos (RPM) en futuros docentes. Este modelo partía de la premisa de que, para lograr un aprendizaje efectivo, no es suficiente desarrollar únicamente habilidades matemáticas; también es esencial fortalecer la confianza de los docentes en formación, reducir la ansiedad y fomentar actitudes positivas hacia las matemáticas. Los resultados de su estudio confirmaron que los factores afectivos desempeñan un papel crucial en el aprendizaje y la enseñanza de la RPM. Se identificó que los futuros docentes de educación primaria no solo enfrentan dificultades en la aplicación de estrategias de resolución de problemas, sino que también experimentan altos niveles de ansiedad matemática y presentan baja autoeficacia, lo cual afecta tanto su desempeño como su confianza al enseñar esta disciplina.

También Rott (2020) investigó la relación entre las creencias epistemológicas de los docentes y sus prácticas en la enseñanza de la resolución de problemas matemáticos. El estudio reveló que las concepciones que los profesores tienen sobre la naturaleza de las matemáticas influyen de manera directa en sus

47

enfoques pedagógicos. Por ejemplo, aquellos que perciben las matemáticas como un conjunto de reglas fijas tienden a centrarse en métodos más estructurados y procedimientos estandarizados de resolución, mientras que quienes las conciben como un campo dinámico y exploratorio suelen fomentar la creatividad y el pensamiento crítico en la resolución de problemas. Por ello, es fundamental abordar las creencias epistemológicas durante la formación docente. Cambiar o ampliar estas concepciones puede facilitar la adopción de enfoques pedagógicos más flexibles y centrados en el estudiante.

En la misma línea, Romero-García y cols. (2023) analizaron cómo un proceso de formación centrado en la resolución de problemas y el uso de materiales manipulativos tiene impacto en la afectividad de los futuros docentes hacia las matemáticas. El estudio reveló que los cambios más significativos se produjeron en la concepción que los participantes tenían sobre la enseñanza de las matemáticas, en la valoración del rol del profesor y en la confianza en sus propias capacidades para impartir esta materia. Si bien se observaron mejoras en el interés y la satisfacción hacia las matemáticas, el estudio también identificó que la ansiedad matemática persistió en muchos de los participantes. Este hallazgo pone de manifiesto, de nuevo, la necesidad de implementar enfoques más integrales en la formación docente, que no solo aborden las competencias pedagógicas y cognitivas, sino también los factores afectivos que influyen en la relación de los docentes con la materia y que, para abordar de manera más completa la ansiedad matemática, se requieren estrategias específicas que integren el desarrollo emocional y psicológico en los programas de formación docente.

5. Conclusiones

Durante todo el capítulo se ha subrayado la importancia crítica del dominio afectivo en la enseñanza y el aprendizaje de las matemáticas, destacando que las emociones, actitudes y creencias influyen de manera decisiva en el rendimiento académico de los estudiantes y en la eficacia pedagógica de los docentes. Las investigaciones y modelos teóricos analizados evidencian que la ansiedad matemática, la autoconfianza y la percepción de la utilidad de las matemáticas son factores determinantes que afectan la disposición de los estudiantes hacia esta disciplina.

Una de las conclusiones más relevantes es la necesidad de adoptar un enfoque interdisciplinario y multinivel en la formación del profesorado, que no solo aborde las competencias cognitivas, sino que también incorpore la dimensión emocional y sociocultural del aprendizaje matemático. El desarrollo de identidades matemáticas positivas, que integren dimensiones afectivas, cognitivas y conativas, puede contribuir significativamente a un mejor rendimiento académico y a una mayor participación en la disciplina. La formación inicial y continua del profesorado debe incluir programas que promuevan la inteligencia emocional, la autorregulación afectiva y la reflexión sobre las propias creencias y actitudes hacia las matemáticas. Este enfoque integral permitirá a los docentes desarrollar metodologías más inclusivas y efectivas, facilitando un ambiente de aprendizaje positivo y motivador para los estudiantes.

También queda clara la influencia del contexto sociocultural y político en la enseñanza de las matemáticas, en el que las interacciones sociales, las prácticas culturales y las políticas educativas configuran las oportunidades de aprendizaje y las percepciones de los estudiantes hacia la materia. Por ello, es fundamental considerar estas dimensiones al diseñar intervenciones educativas que busquen mejorar la relación de los estudiantes con las matemáticas.

Los trabajos existentes sugieren que la integración de metodologías basadas en la indagación, la resolución de problemas y la modelización matemática no solo pueden mejorar la comprensión conceptual, sino que también pueden fortalecer la confianza y la disposición de los estudiantes hacia el aprendizaje. Estas estrategias permiten una mayor conexión entre la teoría y la práctica, haciendo que las matemáticas resulten más accesibles y relevantes para los estudiantes.

6. Bibliografía

Agüero Calvo, E., Meza Cascante, L. G., Suárez Valdés-Ayala, Z., & Schmidt Quesada, S. (2017). Estudio de la ansiedad matemática en la educación media costarricense. *Revista Electrónica de Investigación Educativa, 19*(1), 1-14. https://doi.org/10.24320/redie.2017.19.1.849

Ashcraft, M. H., y Ridley, K. S. (2005). *Math anxiety and its cognitive consequences: A tutorial review.* En J. I. D. Campbell (Ed.), *Handbook of mathematical cognition* (pp. 315-327). Psychology Press.

Bataller, A., Ferrando, I., & Reyes-Torres, A. (2022). Visual Poetry and Real Context Situations in Mathematical Problem Posing and Solving: A Study of the Affective Impact. *Mathematics, 10*(10), 1647. https://doi.org/10.3390/math10101647

Bazán, J. L., y Aparicio, A. S. (2006). Las actitudes hacia la matemática-estadística dentro de un modelo de aprendizaje. *Educación, 15*(28), 7-20. https://doi.org/10.18800/educacion.200601.001

Beltrán-Pellicer, P., y Godino, J. D. (2020). An Onto-Semiotic Approach to the Analysis of the Affective Domain in Mathematics Education. *Cambridge Journal of Education, 50*(4), 447-467. https://doi.org/10.1080/0305764X.2019.1623175

Brown, J. L., Ortiz-Padilla, M., y Soto-Varela, R. (2021). Does Mathematical Anxiety Differ Cross-Culturally? *Journal of New Approaches in Educational Research, 9*(1), 126-136. https://doi.org/10.7821/naer.2020.1.464

Caballero, A., Blanco, L. J., y Guerrero, E. (2011). Problem solving and emotional education in initial primary teacher education. *Eurasia Journal of Mathematics, Science and Technology Education, 7*(4), 281-292. https://doi.org/10.12973/ejmste/75206

Callejo, M. L., y Vila, A. (2009). Approach to Mathematical Problem Solving and Students' Belief Systems: Two Case Studies. *Educational Studies in Mathematics, 72*(1), 111-126. https://doi.org/10.1007/s10649-009-9195-z

Campeón-Becerra, M. C., y Villa-Ochoa, J. A. (2022). Relaciones entre el dominio afectivo y la modelización matemática: una revisión de la literatura. En E. Serna (Ed.), *Ciencia transdisciplinar en la nueva era* (pp. 186-201). Instituto Antioqueño de Investigación. https://doi.org/10.5281/zenodo.7381757

Carrillo-Yáñez, J. (1996). *Modos de resolver problemas y concepciones sobre la matemática y su enseñanza de profesores de matemáticas de alumnos de más de 14 años* (Tesis doctoral). Universidad de Sevilla.

Carrillo-Yañez, J., Climent, N., Montes, M., Contreras, L. C., Flores-Medrano, E., Escudero-Ávila, D., Vasco, D., Rojas, N., Flores, P., Aguilar-González, A., Ribeiro, M., y Muñoz-Catalán, M. C. (2018). The mathematics teacher's specialised knowledge (MTSK) model. *Research in Mathematics Education, 20*(3), 236-253. https://doi.org/10.1080/14794802.2018.1479981

Daharnis, D., Nirwana, H., Ifdil, I., Afdal, A., Ardi, Z., Taufik, T., y Fikriyanda, F. (2019). Mathematics anxiety among prospective elementary school teachers and their treatment. *Journal of Physics Conference Series, 1157*, 1–8. https://doi.org/10.1088/1742-6596/1157/4/042089

Dang, K. T. (2021). *The influence of students' and teachers' mathematics-related beliefs on students' engagement and achievement in mathematics* (Tesis doctoral). Flinders University.

Ernest, P. (1989). The knowledge, beliefs and attitudes of the mathematics teacher: A model. *Journal of Education for Teaching, 15*(1), 13-33. https://doi.org/10.1080/0260747890150102

Ernest, P. (1991). *The philosophy of mathematics education.* Routledge.

Fernández-Cézar, R., Hernández Suárez, C. A., Prada Nuñez, R., y Ramirez Leal, P. (2018). Dominio afectivo y prácticas pedagógicas de docentes de Matemáticas: Un estudio de revisión. *Espacios, 39*(23). https://www.revistaespacios.com/a18v39n23/a18v39n23p25.pdf

51

Ferrando, I., Segura, C., & Castillo, J. (2024). Regular and talented students' behaviour when solving modelling tasks: Are there differences? En G. A. Stillman, J. P. Brown, & G. Kaiser (Eds.), *Researching Mathematical Modelling Education in Disruptive Times* (pp. 401–411). Springer Nature Switzerland.

Fossa, P., y Cortés-Rivera, C. (2023). Affectivity and Learning: Why We Need an Interdisciplinary, a Multilevel, and a First-Third-Person Approach? En *Affectivity and Learning: Bridging the Gap Between Neurosciences, Cultural and Cognitive Psychology* (pp. 779-783). Springer Nature Switzerland. https://doi.org/10.1007/978-3-031-31709-5_40

García-Cerdá, C., Segura, C., & Ferrando, I. (2024). Influence of the Type of Mathematical Problems on Students' and Pre-service Teachers' Interest and Performance. A Replication and Elaboration Study. *Implementation and Replication Studies in Mathematics Education, 1*(aop), 1-35. https://doi.org/10.1163/26670127-bja10017

Gil Ignacio, N., Blanco Nieto, L. J., y Guerrero Barona, E. (2005). El dominio afectivo en el aprendizaje de las Matemáticas. Una revisión de sus descriptores básicos. *UNIÓN - Revista Iberoamericana de Educación Matemática, 1*(2). https://revistaunion.org/index.php/UNION/article/view/1385

Goos, M. (2014). Creating opportunities to learn in mathematics education: A sociocultural perspective. *Mathematics Education Research Journal, 26*(3), 439–457. https://doi.org/10.1007/s13394-013-0102-7

Gómez-Chacón, I. M. (1997a). La alfabetización emocional en educación matemática: actitudes, emociones y creencias. *Uno: Revista de didáctica de las matemáticas, (13)*, 7-22. https://eprints.ucm.es/21550/

Gómez-Chacón, I. M. (1997b). *Procesos de aprendizaje en matemáticas con poblaciones de fracaso escolar en contextos de exclusión social: Las influencias afectivas en el conocimiento de las matemáticas* (Tesis doctoral). Universidad Complutense de Madrid. https://eprints.ucm.es/id/eprint/2249/

Gómez-Chacón, I. M. (2000). Affective influences in the knowledge of mathematics. *Educational Studies in Mathematics, 43*(2), 149-168. https://doi.org/10.1023/A:1017518812079

Gómez-Chacón, I. M. (2002). *Matemática emocional: Los afectos en el aprendizaje matemático.* Narcea Ediciones.

Gómez-Chacón, I. M., Bacelo, A., Marbán, J. M., y Palacios, A. (2024). Inquiry-based mathematics education and attitudes towards mathematics: Tracking profiles for teaching. *Mathematics Education Research Journal, 36*(3), 715-743. https://doi.org/10.1007/s13394-023-00468-8

Grootenboer, P., y Marshman, M. (2016). *Mathematics, affect and learning.* Springer Singapore. https://doi.org/10.1007/978-981-287-679-9

Guevara Kaiser, G., y Zaieg, M. A. (2018). *Neurociencias y Matemática Emocional.* Editorial Brujas.

Hannula, M. S., Di Martino, P., Pantziara, M., Zhang, Q., Morselli, F., Heyd-Metzuyanim, E., Lutovac, S., Kaasila, R., Middleton, J. A., Jansen, A., y Goldin, G. A. (2016). Attitudes, beliefs, motivation and identity in mathematics education: An overview of the field and future directions. *Springer Nature.* https://doi.org/10.1007/978-3-319-32811-9

Hannula, M. S. (2019). Young learners' mathematics-related affect: A commentary on concepts, methods, and developmental trends. *Educational Studies in Mathematics, 100,* 309–316. https://doi.org/10.1007/s10649-018-9865-9

Instituto Nacional de Evaluación Educativa. (2023). *PISA 2022. Programa para la Evaluación Internacional de los Estudiantes. Informe español.* Ministerio de Educación y Formación Profesional. Recuperado de https://www.educacionyfp.gob.es/inee/evaluaciones-internacionales/pisa/pisa-2022/pisa-2022-informes-es.html

Instituto Nacional de Evaluación Educativa. (2024). *TIMSS 2023. Estudio internacional de tendencias en matemáticas y ciencias. Informe español.* Ministerio de Educación y Formación Profesional. Recuperado de https://www.educacionyfp.gob.es/inee/evaluaciones-internacionales/timss/timss-2023.html

Jacobs, G. J., y Durandt, R. (2017). Attitudes of pre-service mathematics teachers towards modelling: A South African inquiry. *EURASIA Journal of Mathematics, Science and Technology Education, 13*(1), 61–84. https://doi.org/10.12973/eurasia.2017.00604a

Lerman, S. (1996). Socio-cultural approaches to mathematics teaching and learning. *Educational Studies in Mathematics, 31*(1-2), 1-9. https://doi.org/10.1007/BF00143924

Leder, G., y Grootenboer, P. (2005). Affect and mathematics education. *Mathematics Education Research Journal, 17*(2), 1-8. https://doi.org/10.1007/BF03217415

León-Mantero, C., Solano, N., Gómezescobar-Camino, A., y Fernández-Cézar, R. (2020). Dominio afectivo y prácticas docentes en Educación Matemática: un estudio exploratorio en maestros. *Revista Iberoamericana de Educación Matemática, 58,* 129-149. https://union.fespm.es/index.php/UNION/article/view/101

Mandler, G. (1984). *Mind and body: Psychology of emotion and stress.* Norton.

Mandler, G. (1989). Affect and learning: Causes and consequences of emotional interactions. En D. B. McLeod y M. Adams (Eds.), *Affect and mathematical problem solving: A new perspective* (pp. 3-19). Springer-Verlag. https://link.springer.com/chapter/10.1007/978-1-4612-3614-6_1

Marbán, J. M., Palacios, A., y Maroto, A. (2021). Enjoyment of teaching mathematics among pre-service teachers. *Mathematics Education Research Journal, 33*(3), 613-629. https://doi.org/10.1007/s13394-020-00341-y

McLeod, D. B. (1988). Affective issues in mathematical problem solving: Some theoretical considerations. *Journal for Research in Mathematics Education, 19*, 134-141. https://doi.org/10.5951/jresematheduc.19.2.0134

McLeod, D. B. (1992). Research on affect in mathematics education: A reconceptualization. En D. Grows (Ed.), *Handbook of research on mathematics teaching and learning* (pp. 575-596). McMillan Publishing Company.

McLeod, D. B., y Adams, V. M. (2012). *Affect and mathematical problem solving: A new perspective.* Springer Science y Business Media. https://doi.org/10.1007/978-1-4612-3614-6

Ministerio de Educación y Formación Profesional. (2022a). *Real Decreto 157/2022 por el que se establecen la ordenación y las enseñanzas mínimas de la Educación Primaria.* BOE núm. 52.

Ministerio de Educación y Formación Profesional. (2022b). *Real Decreto 217/2022 por el que se establece la ordenación y las enseñanzas mínimas de la Educación Secundaria Obligatoria.* BOE núm. 76.

Ministerio de Educación y Formación Profesional. (2022c). *Real Decreto 243/2022 por el que se establecen la ordenación y las enseñanzas mínimas del Bachillerato.* BOE núm. 82.

Molera Botella, J. (2011). Importancia de los factores afectivos en las matemáticas de educación primaria. Elaboración de un instrumento de evaluación. *International Journal of Developmental and Educational Psychology, 3*(1), 345-354. https://www.redalyc.org/pdf/3498/349832330035.pdf

Moreano, G., Asmad, U., Cruz, G., y Cuglievan, G. (2008). Concepciones sobre la enseñanza de matemática en docentes de primaria de escuelas estatales. *Revista de Psicología, 26*(2), 299-334. https://doi.org/10.18800/psico.200802.005

Moreira-Mora, T. E., y Mora-Rodríguez, J. (2021). Rezago en asignaturas de contenido matemático en estudiantes de último año: analizando resultados de colegios en territorios indígenas y del Gran Área Metropolitana. *Revista Educación, 45*(1), 1-25. https://doi.org/10.15517/revedu.v45i1.41317

NCTM. (2000). *Principles and standards for school mathematics* (Vol. 1). National Council of Teachers of Mathematics.

Op't Eynde, P., De Corte, E., y Verschaffel, L. (2002). Framing students' mathematics-related beliefs. En G. C. Leder, E. Pehkonen, y G. Törner (Eds.), *Beliefs: A hidden variable in mathematics education?* (pp. 13-37). Springer. https://doi.org/10.1007/0-306-47958-3_2

Özdemir, E. F., y Pape, S. J. (2022). The interplay of affect and cognition in the mathematics grounding activity: Forming an affective pathway. *Eurasia Journal of Mathematics, Science and Technology Education, 18*(5). https://doi.org/10.29333/ejmste/12579

Öztürk, T., y Güven, B. (2016). Evaluating students' beliefs in problem solving process: A case study. *Eurasia Journal of Mathematics, Science and Technology Education, 12*(3), 411-429. https://doi.org/10.12973/eurasia.2016.1208a

Perpiñà Martí, G., Sidera Caballero, F., y Serrat Sellabona, E. (2021). Rendimiento académico en educación primaria: relaciones con la inteligencia emocional y las habilidades sociales. *Revista de Educación*, 291-319. https://doi.org/10.4438/1988-592X-RE-2022-395-515

Philipp, R. A. (2007). Mathematics teachers' beliefs and affect. En F. K. Lester Jr. (Ed.), *Second handbook of research on mathematics teaching and learning* (pp. 257-315). Information Age Publishing.

Planas, N., & Valero, P. (2016). Tracing the socio-cultural-political axis in understanding mathematics education. En Á. Gutiérrez, G. C. Leder, & P. Boero (Eds.), *The Second Handbook of Research on the Psychology of Mathematics Education* (pp. 447-479). Sense Publishers. https://doi.org/10.1007/978-94-6300-561-6_13

Raymond, A. M. (1997). Inconsistency between a beginning elementary school teacher's mathematics beliefs and teaching practice. *Journal for Research in Mathematics Education, 28*(5), 550-576. https://doi.org/10.5951/jresematheduc.28.5.0550

Rojo, V., Villarroel, J. D., y Madariaga Orbea, J. M. (2018). The affective domain in learning mathematics according to student's gender. *Revista Latinoamericana de Investigación en Matemática Educativa, 21*(2), 183-202. https://doi.org/10.12802/relime.18.2123

Romero-García, C., Manzanal-Martínez, A. I., y Palacios-Ortega, A. (2023). Impacto del proceso de formación del maestro en su afectividad hacia las Matemáticas. *AIEM - Avances de investigación en educación matemática, 24*, 93-110. https://doi.org/10.35763/aiem24.4418

Rott, B. (2020). Teachers' behaviors, epistemological beliefs, and their interplay in lessons on the topic of problem solving. *International Journal of Science and Mathematics Education, 18*(5), 903-924. https://doi.org/10.1007/s10763-019-09993-0

Schoenfeld, A. H. (1985). Metacognitive and epistemological issues in mathematical understanding. En E. A. Silver (Ed.), *Teaching and learning mathematical problem solving: multiple research perspectives* (pp. 361-379). Lawrence Erlbaum Associates.

Schoenfeld, A. H. (1992). Learning to think mathematically: Problem solving, meta-cognition, and sense-making in mathematics. In D. A. Grouws (Ed.), *Handbook of research on mathematics teaching and learning* (pp. 334-370). Macmillan Publishing Co. https://jwilson.coe.uga.edu/emat7050/schoenfeld_maththinking.pdf

Schoenherr, J., Schukajlow, S., & Pekrun, R. (2025). Emotions in mathematics learning: A systematic review and meta-analysis. *ZDM–Mathematics Education*, 1–18. https://doi.org/10.1007/s11858-025-01651-w

Schukajlow, S., Rakoczy, K., y Pekrun, R. (2023). Emotions and motivation in mathematics education: Where we are today and where we need to go. *ZDM – Mathematics Education, 55*(2), 249–267. https://doi.org/10.1007/s11858-022-01463-2

Segarra, Y. R., & Pérez-Tyteca, P. (2017). Nivel de ansiedad hacia las Matemáticas de futuros maestros de Educación Primaria. En R. Roig-Vila (Ed.), *Investigación en docencia universitaria. Diseñando el futuro a partir de la innovación educativa* (pp. 442-451). Octaedro.

Silva, J. R., & Medina, F. (2023). Socioemotional styles: When affectivity meets learning. En P. Fossa & C. Cortés-Rivera (Eds.), *Affectivity and Learning: Bridging the Gap Between Neurosciences, Cultural and Cognitive Psychology* (pp. 305-331). Springer Nature Switzerland. https://doi.org/10.1007/978-3-031-31709-5_17

Soto-Cerros, S., García-González, M. D. S., y Pascual-Martín, M. I. (2023). La relación entre el Dominio Afectivo y el modelo MTSK: una oportunidad de investigación. *Educación Matemática, 35*(2), 226-246. https://doi.org/10.24844/EM3502.09

Suárez-Pellicioni, M., Núñez-Peña, M. I., y Colomé, À. (2013). Mathematics Anxiety and Its Development in the Course of Formal Schooling—A Review. *Educational Psychology, 33*(1), 1-20. https://doi.org/10.1080/01443410.2012.740199

Suárez-Pellicioni, M., Núñez-Peña, M. I., y Colomé, À. (2016). Math anxiety: A review of its cognitive consequences, psychophysiological correlates, and brain bases. *Cognitive, Affective, & Behavioral Neuroscience, 16*(1), 3-22. https://doi.org/10.3758/s13415-015-0370-7

Thompson, A. G. (1992). Teachers' beliefs and conceptions: A synthesis of the research. En D. A. Grouws (Ed.), *Handbook of research on mathematics teaching and learning* (pp. 127-146). Macmillan Publishing Co.

Thompson, A. G., & Thompson, P. W. (1989). Affect and problem solving in an elementary school mathematics classroom. En D. B. McLeod y V. M. Adams (Eds.), *Affect and mathematical problem solving: A new perspective* (pp. 162-176). Springer-Verlag. https://doi.org/10.1007/978-1-4612-3614-6_11

Towers, J., Takeuchi, M. A., y Martin, L. C. (2018). Examining contextual influences on students' emotional relationships with mathematics in the early years. *Research in Mathematics Education, 20*(2), 146–165. https://doi.org/10.1080/14794802.2018.1477058

Vivas, A. J., y Scifo, L. (2023). Teaching excellence, affectivity and learning. En *Affectivity and Learning: Bridging the Gap Between Neurosciences, Cultural and Cognitive Psychology* (pp. 441-454). Springer Nature Switzerland. https://doi.org/10.1007/978-3-031-31709-5_23

Zumaeta, S., Fuster, D., y Ocaña, Y. (2018). Pedagogical affection in didactics of mathematics Amazonas region from the phenomenology perspective. *Propósitos y Representaciones, 6*(1), 409-462. https://doi.org/10.20511/pyr2018.v6n1.200

Con un poco de ayuda de mi familia y mis amigos: Clase social y variaciones contextuales en el papel de las redes personales en los planes de educación superior de los estudiantes[3,4]

LÉON MARBACH[5] Y AGNÈS VAN ZANTEN[6]

Introducción

A pesar del ideal generalizado de «universidad para todos» y de los crecientes niveles de matriculación en la enseñanza superior (ES) (Goyette 2008), los distintos grupos sociales siguen teniendo tasas muy desiguales de acceso a determinadas vías de enseñanza superior, instituciones de enseñanza superior (IES) y campos de estudio (Boliver 2011). Un gran número de investigaciones so-

[3] Léon Marbach, Agnès van Zanten. With a Little Help from My Family and Friends: Social Class and Contextual Variations in the Role of Personal Networks in Students´ Higher Education Plans. *British Journal of Sociology of Education*, 2024, 45 (1), pp.1-22. DOI 10.1080/01425692.2023.2266574.

[4] El título original incluye un juego con el título de una célebre canción: «With a Little Help from My Friends», que los Beatles grabaron en su álbum *Sgt. Pepper's Lonely Hearts Club Band* (1967) y que se popularizó, sobretodo, por la versión de Joe Cocker (1968). [Nota del traductor]

[5] Léon Marbach. Stanford University. 520 Galvez Mall. Stanford, CA 94305. EEUU. lmarbach@stanford.edu

[6] Agnès van Zanten. Observatoire Sociologique du Changement. Science Po/CNRS. 27 rue St Guillaume. 75337 Paris cedex 07. Francia. Tel: +33 (0)1 45 49 54 84. http://osc.sciencespo.fr/

ciológicas han estudiado los distintos factores responsables de estas desigualdades sociales, entre ellos el papel de los itinerarios en la educación secundaria y en la ES (Duru-Bellat y Kieffer 2008; Shavit et al. 2007), las normas que rigen los sistemas nacionales de solicitud y admisión (Frouillou et al. 2019) y los criterios y procedimientos de selección de las IES (Alon 2009; Zimdars 2010). Las becas centradas en los estudiantes han destacado sobre todo la importancia del capital económico y cultural familiar de que disponen los jóvenes cuando preparan su futuro en la ES (Noble y Davies 2009; Reay et al. 2001b) y el papel del «habitus institucional»[7] y la orientación en los centros de secundaria (Olivier et al. 2018; McDonough 1997; Pugsley 2004; Reay et al. 2001a).

En este texto, nos centramos en cómo las redes personales influyen en los planes de los estudiantes de ES. Nuestro postulado subyacente es que la estructura de estas redes, y las interacciones que tienen lugar en ellas, contribuyen significativamente a reproducir las desigualdades sociales. Como mostramos en el siguiente apartado, un gran número de estudios, sobre todo en EE.UU., han explorado la influencia de las redes parentales y de amistad en las aspiraciones de los estudiantes de ES y en sus pautas de matriculación. Creemos, sin embargo, que aún quedan aspectos clave por abordar. Se trata, en particular, de la frecuencia de las conversaciones con distintos tipos de familiares y amigos y la influencia que se les atribuye, el contenido de estas conversaciones y cómo varían estos factores entre los distintos grupos sociales y contextos escolares. Para colmar estas lagunas, nos basamos en las respuestas a un cuestionario de

---

[7] La noción de «habitus» se divulgó en las ciencias de la educación a partir de la obra de Pierre Bourdieu. Se trata de un comportamiento socialmente establecido, pero al que no se llega por repetición (como el «hábito»), sino mediante dispositivos simbólicos. [Nota del traductor]

una muestra de estudiantes franceses de diversos *lycées*[8] de la región metropolitana de París[9]. Asimismo, creemos que basarnos en un marco bourdieusiano puede aportar una mejor comprensión de las diferencias sociales y contextuales en la configuración y el papel de las redes personales.

Estado de la cuestión

Ya en la década de 1960, las investigaciones realizadas en Estados Unidos utilizando el «modelo Wisconsin»[10] de movilidad social analizaron la influencia de los «otros significativos» (es decir, progenitores, compañeros y profesores) en las aspiraciones y elecciones educativas y profesionales de los estudiantes (Alexander y Campbell 1964; Duncan et al. 1968). Muchos estudios han subrayado la importancia de la participación de los progenitores en la forma en que los jóvenes desarrollan sus aspiraciones y planes de ES (Ceja 2004; Hill et

---

[8] En francés en el original. Centros de educación secundaria postobligatoria con orientación a la Universidad, es decir, centros o institutos de bachillerato. Preferimos mantener la expresión francesa por fidelidad al original inglés que utilizar aquellas expresión o la obsoleta de «liceo» [Nota del traductor]

[9] Este estudio forma parte de un proyecto de investigación más amplio que explora cómo las redes, las instituciones y los mercados influyen en las formas en que los estudiantes de diferentes clases sociales se comprometen con la ES (van Zanten 2019).

[10] El denominado «modelo Wisconsin» es una ampliación del modelo de Peter Blau y Otis Duncan sobre la movilidad social. Para estos, se podían establecer cinco predictores: la educación y la ocupación del padre, la educación y el primer empleo del individuo, y el empleo del individuo varios años después. William Hamilton Sewell (1909-2001), un sociólogo que fue profesor (e incluso rector) de la Universidad de Wisconsin-Madison, y sus colaboradores propusieron incluir también como predictores la influencia interpersonal de personas significativas (los «otros significativos» que dice el texto), la acción autorreflexiva y las aspiraciones de estatus, factorers de índole psicológico-social. [Nota del traductor]

al. 2015; Pérez y McDonough 2008; Perna 2000). Esta investigación está fuertemente influenciada por la teorización de Coleman del «capital social» (1988), que hace hincapié en los beneficios individuales y colectivos derivados de los lazos sociales estrechos, en términos de control social y apoyo social. Los estudios centrados en los estudiantes de origen inmigrante también han tomado prestado el concepto de «solidaridad fronteriza»[11] de Portes (1998) y, más recientemente, el concepto de «riqueza cultural de la comunidad» de Yosso (2005), para llamar la atención sobre la importancia de las altas aspiraciones, el apoyo moral y las habilidades sociales transmitidas a estos estudiantes a través de las redes familiares y de parentesco (Luedke 2020; Gao y Adamson 2022). No obstante, varios de estos estudios han hecho hincapié en que es crucial que estos estudiantes reciban apoyo institucional para poder acceder a las oportunidades y los recursos que sus redes familiares ofrecen a otros estudiantes (Stanton-Salazar y Dornbush 1995; Perna y Titus 2005; Fann et al. 2009).

También existe abundante bibliografía sobre el papel de los compañeros y amigos de los estudiantes. Algunos de los estudios iniciales en este campo examinaron la influencia relativa de los progenitores y de los compañeros y, en general, llegaron a la conclusión de que los progenitores tienen el impacto más decisivo en las aspiraciones de ES de los estudiantes (Kandel y Lesser 1969). Otros sólo exploraron el papel de los amigos y el grado en que las aspiraciones educativas similares reflejan tendencias homófilas en las amistades con respecto a origen social, ambición o presiones interpersonales para conformarse

---

[11] Se refiere originalmente a procesos de solidaridad entre los que comparten fronteras (por ejemplo, se observa que las redes sociales son más tupidas entre personas inmigradas del mismo país). [Nota del traductor]

(Duncan et al. 1968). Un conjunto diferente de estudios se centró en los compañeros como parte de un interés más general en los efectos de la escuela secundaria en las intenciones universitarias (Alwin y Otto 1977; Meyer 1970). Esta investigación pone de relieve que los compañeros tienen una influencia notable en los planes de ES de los estudiantes de secundaria de bajos ingresos, urbanos y pertenecientes a minorías (Fletcher y Tienda 2009). En muchos casos, los compañeros actúan como modelos de conducta eficaces y fuentes de información y asesoramiento relevantes, a la vez que proporcionan apoyo emocional (Stanton-Salazar 1997), especialmente cuando adoptan el papel formal de «consejero de iguales»[12] (Tierney y Venegas 2006). En otros casos, sin embargo, proporcionan malos ejemplos de compromiso académico o consejos e información incompletos o cuestionables (Holland 2011).

En el Reino Unido, varios estudios han destacado la importancia de las redes personales de los estudiantes en sus planes y elecciones de ES (David et al. 2003; Pugsley 2004). En concreto, el estudio cualitativo de Rachel Brooks (2003, 2004), que exploró las influencias tanto de los progenitores como de los compañeros en un grupo de estudiantes de secundaria de familias de clase media-baja, hizo hincapié en la importante participación de los progenitores en el proceso de toma de decisiones y en el papel complementario de los progenitores y amigos de los estudiantes, ya que los primeros informaban de su conocimiento general del mercado de la ES y los segundos ejercían una mayor influencia en la elección de instituciones y cursos. En Europa continental, el interés por este tema ha sido aún más limitado, con sólo un puñado de estudios centrados en el papel de los progenitores y los compañeros en la transición a

---

[12] *Peer consuelor* se podría también entender como «mentores», es decir, consejeros dentro del grupo de iguales. [Nota del traductor]

la ES. Entre ellos, los estudios estadísticos de Nakhili (2004) en Francia y Du-priez et al. (2009) en la Bélgica francófona encontraron efectos contextuales en la elección de la ES relacionados con el origen social y el nivel académico de los compañeros, mientras que Van Houtte y Stevens (2010), trabajando en la Bélgica flamenca, concluyeron que los estudiantes inmigrantes en centros de secundaria con una alta concentración de compañeros similares tenían aspiraciones de ES ligeramente superiores. El estudio cualitativo de Orange (2013) en Francia mostró, por otra parte, el impacto de las normas y presiones de los compañeros en la elección de de los estudiantes de clase trabajadora de itinerarios de ES[13]. Estos resultados coinciden con los de investigaciones recientes sobre Suecia y Dinamarca centradas en la influencia del grupo de iguales[14] en la elección de itinerarios de educación secundaria superior (Rosenqvist 2017; Smith 2023).

Marco conceptual

En este artículo, adoptamos una perspectiva bourdieusiana sobre el papel de las redes personales de los estudiantes a la hora de influir en sus planes de ES. Esto tiene tres implicaciones principales. La primera es que nos centramos en las redes como algo orgánicamente relacionado con las posiciones de los acto-

---

[13] La Educación Superior (también: Terciaria) incluye los estudios universitarios y aquellos de formación profesional y continua que se consideran superiores (en la terminología española: ciclos formativos de grado superior). Aquí, la autora se refiere al estudio de Sophie Orange que se refiere a universidades francesas. [Nota del traductor]
[14] Cf. nota 10. [Nota del traductor]

res en el espacio social. Esto a su vez implica, en primer lugar, que el compromiso de los agentes con las redes se ve influido por su pertenencia a un grupo de individuos que comparten condiciones de vida similares y conjuntos de habitus o configuraciones de disposiciones, es decir, valores, visiones del mundo y prácticas adquiridas a través de la socialización. En segundo lugar, implica que la influencia de las conexiones, consideradas como capital social, depende en gran medida del capital económico y cultural (los otros dos tipos de capital que definen a los grupos sociales según Bourdieu[15]) y puede, a su vez, modificar la cantidad o la composición cualitativa de este último. Mientras que existe un consenso común en que el capital económico se refiere a la riqueza y los ingresos, hay menos acuerdo sobre cómo definir el capital cultural. Aquí adoptamos la definición global de Lareau y Weininger (2003), que incluye no sólo las credenciales, los conocimientos, las destrezas y los modales encarnados, y los gustos y estilos de vida, sino también la capacidad de los individuos para cumplir las expectativas y las normas de evaluación de instituciones como las escuelas y las IES. Nos interesa especialmente la relación bidireccional entre el capital cultural y el social, es decir, cómo los diferentes volúmenes y tipos de capital cultural según la clase social afectan a las interacciones con los miembros de las redes personales y si estas interacciones, a su vez, alteran los recursos culturales y cómo lo hacen. No obstante, también tendremos en cuenta otras dos formas de división social, además de la clase social, a saber, el género y el origen inmigrante de los estudiantes, como posibles fuentes de diferenciación en la composición y el papel de las redes.

---

[15] Bourdieu distinguió cuatro «capitales»: el económico, que viene a coincidir con los análisis precedentes desd la Economía política clásica y el marxismo, el cultural, el social (de índole relacional) y, como una especie de indicador de la «cotización» de los otros tres en un espacio y tiempo determinados el capital simbólico. [Nota del traductor]

65

Una segunda implicación importante de nuestra óptica bourdieusiana es que nos centramos en las redes como elemento crucial para la reproducción de las relaciones de clase, poder y estatus imperantes (Bourdieu 1980, 1984, 1986). Consideramos que, aunque todos los individuos y grupos sociales dependen de los vínculos sociales para alcanzar objetivos individuales y colectivos, existe una diferencia entre considerar estos vínculos como facilitadores –o «poder para», que corresponde a la perspectiva de Coleman– y considerarlos, desde la perspectiva de Bourdieu, como fuentes de beneficio e influencia social –o «poder sobre»– (Smith y Kulynych 2002). En consonancia con los análisis de Lareau y sus colegas (Lamont y Lareau 1988; Lareau y Horvat 1999), consideramos que, al igual que ocurre con las dimensiones culturales que no se perciben ni reconocen como capital cultural en el ámbito educativo, no todos los tipos de vínculos sociales y sus recursos asociados son recompensados por igual por los centros de secundaria y las IES, y que sólo aquellos que se reconocen directamente en estos contextos deberían denominarse «capital social» (Horvat et al. 2003). Aunque nuestros datos no nos permiten establecer empíricamente la desigual eficacia de diversas configuraciones de redes, haremos hincapié en aquellas dimensiones que se han asociado en la bibliografía con desigualdades en el acceso a la ES, sobre todo a las vías más selectivas.

Una tercera implicación de nuestro enfoque se refiere a nuestra perspectiva sobre las variaciones contextuales. Dejando de lado las considerables desigualdades que existen entre las escuelas secundarias cuando se trata de las posibilidades de los estudiantes de adquirir recursos adicionales a través de interacciones con el personal de la escuela (Olivier et al. 2018), aquí nos centramos exclusivamente en las interacciones con los compañeros. Esperamos, debido al predominio de la segregación basada en la clase en las escuelas, la homogeneidad social de las redes de pares generalmente refuerce el habitus inicial de los estudiantes desarrollado a través de experiencias de socialización primaria basadas en la clase. También prevemos que, debido a estos patrones de segregación, los estudiantes sólo aumentarán su capital social, tal y como lo definimos aquí, en las escuelas con una concentración de estudiantes de clase alta dotados de grandes volúmenes de capital económico y cultural. Sin embargo, dado que los niveles de segregación varían, dejando espacio, incluso en escuelas homogéneas, para un cierto grado de mezcla social, también nos interesa observar la estructura y el papel de las redes de alumnos en centros heterogéneos, así como el grado en que éstas podrían modificar el habitus clasista inicial de los alumnos cuando forman parte de una minoría rodeada de compañeros de orígenes sociales contrastados. Desde una perspectiva bourdieusiana que también incorpora, hasta cierto punto, el énfasis de Lahire (2011) en el hecho de que en las sociedades diferenciadas los individuos están cada vez más expuestos a principios heterogéneos de socialización, esperamos que estos cambios sean con frecuencia incrementales, tendiendo a desarrollar más que a alterar fundamentalmente las disposiciones de los estudiantes, pero también a veces, bajo ciertas condiciones, a ser bastante radicales.

Datos y métodos

Nos basamos en los datos de un cuestionario distribuido en 2015 y 2016 entre los estudiantes franceses de *lycée* en su último año de educación secundaria. Nuestra muestra total comprende 1.705 estudiantes, pero nos centramos aquí en la gran mayoría (N=1.645) que declararon su intención de continuar con la ES. Los encuestados proceden de ocho *lycées*, elegidos para representar la diversidad de los centros de enseñanza secundaria superior de la región metropolitana de París en función del estatus administrativo de los centros (públicos o privados), la oferta de itinerarios (especialmente la presencia o ausencia de itinerarios tecnológicos y profesionales) y, sobre todo, la clase social de los estudiantes. En cada *lycée*, el equipo de investigación distribuyó la encuesta en las distintas clases bajo la supervisión de un profesor, que se aseguró de que todos los alumnos respondieran.

El objetivo del cuestionario era estudiar las principales influencias en la elección de la ES por parte de los estudiantes. Se llevó a cabo durante el período (enero-marzo) en que los estudiantes tenían que enumerar y clasificar sus opciones de ES en *Admissions Post-Bac* (APB)[16], la plataforma nacional francesa de solicitud y admisión a la ES[17]. El estudio incluía secciones sobre la influencia de la familia y los amigos, así como del personal de los centros de enseñanza, en los pasos personales que los estudiantes habían dado para decidir su elección (por ejemplo, asistir a ferias universitarias o jornadas de puertas abiertas, lectura de folletos o búsqueda en Internet), sobre sus proyectos de ES en cuanto a años de estudio y trayectorias de ES y planes profesionales, así como sobre sus perfiles. Las preguntas de la encuesta fueron ideadas por el equipo de investigación y diseñadas para ser contestadas en una hora.

---

[16] Esta plataforma, ahora llamada *Parcoursup*, sufrió cambios significativos en 2018 después de nuestro estudio. Una diferencia importante es que ahora los estudiantes ya no clasifican sus elecciones (Frouillou et al. 2019).

[17] No existe nada equivalente en el contexto español. [Nota del traductor]

Para el presente análisis, nos centramos en las preguntas cerradas sobre las redes personales de los estudiantes. Se preguntó a los encuestados sobre sus conversaciones acerca de los planes de ES con familiares y amigos, en términos de frecuencia (al menos una vez a la semana / unas cuantas veces / una vez / nunca) y contenido (propusimos 12 temas que se muestran en la Tabla 2). Los encuestados debían indicar si recibían opiniones y/o consejos durante estas conversaciones (sí/no) y, en caso afirmativo, si los tenían cuenta (sí/no). También se les pedía que mencionaran si alguien de su círculo personal cursaba o había cursado los mismos estudios de ES que ellos estaban considerando. En cuanto a los miembros de la familia, las preguntas distinguían entre madres, padres, hermanos y miembros de la familia extensa y, en cuanto a los compañeros, entre compañeros de clase, amigos del colegio y amigos de fuera del colegio.

Los datos se analizaron mediante la prueba de chi-cuadrado con un nivel de significación del 95%[18] en las distintas variables categoriales. La prueba chi-cuadrado compara las frecuencias observadas en la muestra con las frecuencias esperadas si no hubiera relación entre las variables.

---

[18] A veces también se indica como $P<0.05$, que es el criterio general para rechazar la hipótesis nula de que las variables no presentan asociación. Recientes debates (suscitados, por ejemplo, por: Amrhein, Valentin & McShane, Blake. (2019). Retire statistical significance. Nature. 567. 305-307) han hecho que la APA propusiera que los estudios no indicaran sólo el si el valor P está por encima o por debajo del criterio, sino que se aporte su valor. [Nota del traductor]

Clases sociales

Basándonos en las conclusiones de la investigación francesa sobre el acceso a la ES (Duru-Bellat y Kieffer 2008) y como resultado de nuestro propio enfoque teórico, consideramos la clase social como la variable más importante. Construimos esta variable, basándonos en las respuestas de los estudiantes sobre la ocupación de ambos progenitores, en varios pasos. En primer lugar, recodificamos la ocupación de cada progenitor en clase baja, *lower.classe* LC), clase media, *middle-class* (MC), clase alta, *upper-class* (UC) o desempleado/indeterminado utilizando la clasificación de ocupaciones del Instituto Francés de Estadística y Estudios Económicos (INSEE)[19]. A continuación, distinguimos siete subtipos de parejas parentales según todas las combinaciones posibles de estos cuatro grupos. Por último, para limitar el número de categorías y contar con un número suficiente de encuestados en cada una de ellas, combinamos los subtipos (véase la Figura 1). En lo que sigue, consideraremos principalmente los tres grandes grupos (LC, MC y UC) y nos referiremos a los subtipos sólo en los raros casos en que las respuestas de sus miembros difieran.

[19] En el nivel más agregado, la nomenclatura de las profesiones y categorías socioprofesionales del INSEE (cuyos diseñadores iniciales contribuyeron a la formación estadística de Bourdieu y más tarde se vieron influidos por su sociología (Seibel 2004)) distingue seis categorías principales entre la población activa: 1-Agricultores (Agricultores con explotación agrícola); 2-Artesanos, comerciantes y jefes de empresa; 3-Ejecutivos y miembros de profesiones intelectuales de alto nivel; 4-Oficios intermedios; 5-Empleados [Trabajadores de cuello blanco (Nota del traductor)]; 6-Trabajadores de cuello azul (Obreros). Es habitual en la literatura sociológica francesa equiparar la categoría 3 con la clase alta, 1, 2 y 4 con la clase media, y 5 y 6 con la clase baja.

Escuelas

La bibliografía existente sobre los efectos de los centros escolares ha demostrado que la composición social del centro influye más en los planes de ES de los alumnos y en las pautas de matriculación que otras características (Alwin y Otto 1977; Meyer 1970). Por ello, nos centramos especialmente en este aspecto, distinguiendo entre tres tipos de centros: «privilegiados» (cuando más del 70% de los progenitores del alumnado, incluidos los que no participaron en la encuesta, son UC), «desfavorecidos» (cuando más del 40% son LC) y «heterogéneos» en los demás casos.

Diferencias de clase social en la configuración e influencia declarada de las redes personales

Como esperaba nuestro modelo teórico, nuestros resultados muestran diferencias significativas entre las clases sociales en lo que respecta a las interacciones de los estudiantes con sus redes personales. A continuación, examinamos en primer lugar las diferencias en la estructura de las redes, teniendo en cuenta la importancia relativa de la familia y los amigos, pero también distinciones más sutiles. También se ofrece una perspectiva más cualitativa sobre la importancia relativa de los distintos miembros de los círculos personales de los estudiantes, centrándose en la medida en que, según nuestros encuestados, estos miembros expresan opiniones y/o dan consejos y si estos son tenidos en cuenta. A continuación, exploramos el contenido de estas interacciones, centrándonos en la frecuencia relativa de los distintos temas.

Diferencias de clase social en la importancia relativa de los interlocutores

Estudiantes de LC. Las madres son claramente la figura más importante para los estudiantes de LC, no sólo en términos de frecuencia de las interacciones sino también en términos de opiniones y consejos tanto dados como tenidos en cuenta. Comparativamente, los padres están mucho menos presentes –uno de cada cuatro estudiantes nunca ha hablado con ellos de su elección de ES– pero cuando expresan una opinión o dan un consejo, son tan influyentes como las madres. En cuanto a los hermanos, los estudiantes de la LC no hablan más con ellos[20] que los estudiantes de las otras dos clases sociales, y no reciben muchos consejos de ellos, pero sí tienden a seguirlos cuando se los dan. Además, es probable que los hermanos actúen como «modelos de conducta», ya que uno de cada cuatro estudiantes los cita cuando se les pregunta por personas que hayan cursado o estén cursando la misma carrera de ES que ellos están considerando. Los miembros de la familia extensa son las personas con las que menos hablan los estudiantes de LC y cuyas opiniones y consejos menos siguen,

---

[20] Para este ítem, sólo tenemos en cuenta a los alumnos que declararon tener al menos un hermano o hermana.

aunque se les cita incluso más que a los hermanos como personas que han cursado los mismos estudios. Los amigos, tanto dentro como fuera de la escuela, también son importantes interlocutores, ocupando respectivamente el segundo y tercer lugar después de las madres, pero sus opiniones y consejos se tienen mucho menos en cuenta que los de los miembros de la familia. Este hallazgo es coherente con varios estudios que comparan la influencia relativa de la familia y los amigos, que han encontrado una mayor influencia de los padres en la elección de la ES (Davies y Kandel 1981), aunque también es importante subrayar el papel de los hermanos mayores en las familias de clase baja (Uvaag 2023), ya que su capital cultural –en términos de familiaridad con los sistemas de enseñanza secundaria y de ES, para aquellos que cursaron estudios postsecundarios– puede compensar en parte la falta de dicho capital por parte de sus progenitores (Beaud 2020).

Estudiantes de MC. Las madres siguen ocupando un lugar central en las discusiones sobre la ES, pero los progenitores desempeñan un papel más importante que en el caso de los estudiantes de LC: tres de cada cuatro estudiantes de MC han discutido sus opciones de ES con sus padres en varias ocasiones, y muy a menudo han seguido sus consejos. Este es particularmente el caso de los estudiantes del subtipo 3, probablemente porque los padres ocupan la posición UC en el 81% de estas parejas parentales, lo que pone de relieve la importancia de los efectos de dominación de clase social dentro de las parejas (Jayet 2022). Como en el caso de los estudiantes de LC, los hermanos no son compañeros de discusión importantes, aunque uno de cada cuatro estudiantes de MC los citan como alguien que ha cursado los estudios que están considerando. Además, los estudiantes de MC son los que menos hablan de ES con sus familiares y los que menos consejos reciben de ellos. Los amigos, especialmente los de

73

la escuela, son interlocutores frecuentes, pero, al igual que en el caso de los estudiantes de CL, sus opiniones y consejos parecen contar mucho menos que los de los familiares.

Estudiantes de UC. Ambos progenitores son interlocutores clave. No sólo la discrepancia entre los niveles de discusión con las madres y los padres es mucho menor que en los otros grupos sociales, sino que también los padres sirven con frecuencia como «modelos a seguir»: entre los estudiantes UC que afirman conocer a alguien que ha seguido el mismo curso de ES que el que están considerando, los padres son citados dos veces más que las madres, mientras que los estudiantes LC y MC citan a ambos por igual. Los hermanos desempeñan un papel más débil, probablemente debido a la fuerte implicación de los padres en la elección de la ES, pero también al hecho de que tanto los padres como los profesores (Olivier et al. 2018; McDonough 1997; Reay et al. 2001a) animan encarecidamente a los estudiantes de la UC a buscar itinerarios de ES que se adapten a su nivel académico, así como a su personalidad y gustos específicos (Lareau 2000). Por el contrario, los miembros de la familia extensa parecen complementar las aportaciones de los padres, ya que el 75% de los estudiantes de la UC afirman que tienen en cuenta sus opiniones y consejos. Esto es coherente con una perspectiva bourdieusiana sobre el papel del capital social (familiar) entre las clases altas (Lenoir 2016; Pinçon y Pinçon-Charlot 2016). Los compañeros de clase y los amigos, especialmente los del colegio, son influencias más importantes que en los otros dos grupos sociales, no solo por el mayor porcentaje de estudiantes de la UC que hablan con ellos sobre sus planes de ES, sino también porque sus opiniones y consejos son seguidos con frecuencia. Esto tiene que ver con el hecho de que los estudiantes de la UC, gracias a las opciones residenciales y escolares de sus padres, fuertemente guiadas por el objetivo de mezclarse con «gente como ellos» para reforzar y ampliar su capital social y cultural (Ball 2002; van Zanten 2009), suelen asistir a centros de secundaria con estudiantes de orígenes sociales similares y con proyectos de ES parecidos, tema que abordamos con más detalle a continuación.

Diferencias de clase social en el contenido de los comentarios

En general, independientemente de la clase social, los temas que los estudiantes comentan más a menudo con familiares y amigos son las posibles vías y/o campos de estudio en la ES, las IES que los ofrecen y el uso de la plataforma APB[21]. Otros temas resultan más distintivos, reflejando diferentes áreas de interés entre los tres grupos sociales.

Estudiantes de LC. La proporción que menciona cada uno de los temas propuestos es, en general, inferior a la de los otros dos grupos, salvo en lo que se refiere a los costes y los sistemas de financiación y a las oportunidades de empleo tras la graduación. Sus debates también giran menos en torno a temas «estratégicos», a saber: el acceso (por ejemplo, las posibilidades de admisión en función del nivel académico, los criterios de selección); el éxito (por ejemplo, el contenido de los itinerarios y/o campos de estudio, las expectativas del personal docente de la ES y los métodos de estudio); y la adecuación entre los cursos previstos y la personalidad o los gustos de los estudiantes. Como era de

---

[21] La forma en que se formuló la pregunta de la encuesta nos impide distinguir qué temas trataron los alumnos con quién, sino que sólo podemos examinar qué temas recibieron más atención en las interacciones con los miembros de su red personal en general.

esperar, estas respuestas revelan el peso de los riesgos financieros para los estudiantes procedentes de familias con bajos niveles de capital económico (Archer y Hutchings 2000; Perna y Titus 2005). También muestran cómo los bajos niveles de capital cultural y social –este último también se traduce en una falta de modelos de conducta en sus círculos personales– reduce la capacidad de estos estudiantes para considerar factores cruciales para sus futuras carreras de ES y para desarrollar marcos pertinentes con los que comparar itinerarios e instituciones (Archer et al. 2003; Ball et al. 2000; Pugsley, 2004; Waithaka 2014; Holland 2020). Además, el reducido número de temas que tratan se ve probablemente agravado por el miedo a no tener éxito en el bachillerato, a ser rechazados por IES y vías selectivas y a tener que adaptarse al territorio desconocido de la ES (Hugrée y Poullaouec 2022).

Estudiantes de MC. Estos estudiantes parecen estar más próximos a su LC que a sus homólogos de la UC, sobre todo en lo que se refiere al peso relativo de las preocupaciones económicas, aunque un porcentaje mayor discute otros temas (por ejemplo, las clasificaciones de las IES, los criterios de selección de las IES y las posibilidades de éxito) con su círculo personal. Dado que proceden de familias con niveles «medios» de capital económico, cultural y social, los estudiantes de MC adoptan una perspectiva más informada y pragmática que los estudiantes cuyos padres son obreros y empleados, dando prioridad a los estudios de ES que no sean demasiado costosos y conduzcan a empleos bien remunerados, pero centrándose también en sus posibilidades de acceso y éxito. Sin embargo, esta perspectiva sigue siendo menos «estratégica» que la de los estudiantes de la UC y también parece llevar a estos estudiantes a conceder menos importancia a la adecuación de sus opciones de ES a su personalidad y gustos (Brooks 2003).

76

Estudiantes de la UC. En comparación con los estudiantes de LC y MC, los estudiantes de la UC hablan bastante menos de los costes y los sistemas de financiación. Aunque una proporción igual de elevada que en las demás clases sociales menciona las oportunidades de empleo tras la graduación, este tema, de importancia primordial para las demás clases sociales, es en general uno de los que menos comentan. Hay que señalar que estas diferencias se deben principalmente a los estudiantes del subtipo 6, cuyas familias tienen probablemente niveles de capital económico más elevados que las del subtipo 5. No obstante, nuestros resultados muestran que los estudiantes de la UC que, en general, se enfrentan a menos limitaciones económicas y se benefician del capital cultural de sus progenitores, son capaces de imaginar plenamente futuros de ES para sí mismos combinando una perspectiva instrumental y otra expresiva: por un lado, consideran detenidamente el prestigio y los criterios de selección de las vías y las IES, así como las mejores formas de utilizar la plataforma de la APB en su beneficio; por otro lado, ven la ES como una experiencia de «autodescubrimiento» y se centran en encontrar estudios adecuados a su personalidad y gustos, así como en el contenido de los cursos y las expectativas del personal docente de la ES (Bathmaker et al. 2016; Reay et al. 2001b).

Variaciones dentro de la clase social

También encontramos algunas variaciones significativas dentro de una misma clase. El género influye en el papel de las redes familiares: las chicas buscan/reciben más información y apoyo de padres, hermanos y familiares que los chicos. Esto probablemente refleja el hecho de que las chicas planifican sus estudios más seriamente y expresan más dudas sobre su futuro en la ES (Klevan et al. 2016). Sin embargo, solo es cierto para los estudiantes de LC y MC, ya que, en línea con la investigación que muestra que los padres de UC tienden a proporcionar a los chicos y chicas un «sentido de derecho»[22] similar y niveles similares de confianza (Lareau 2011), encontramos que los estudiantes de UC femeninos y masculinos interactúan en el mismo grado con sus familiares. Sin embargo, esto no significa que estos estudiantes no estén socializados en diferentes roles de género. De hecho, dicha socialización es visible en los diferentes grados y formas en que las madres y los padres son influyentes como modelos a seguir (David et al. 2003): El 39% de los chicos de la UC citan a sus padres como ejemplo de alguien que haya seguido las carreras o campos de estudio que ellos están considerando, mientras que sólo el 22% de las chicas lo hacen; las madres tienen menos influencia en este ámbito, pero más en los planes de estudio de las chicas que en los de los chicos (el 22% de las chicas citan a su madre como ejemplo, pero sólo el 12% de los chicos).

También encontramos algunas diferencias entre los estudiantes de CL según su origen inmigrante[23]. Como era de esperar, los estudiantes con dos progenitores no franceses parecen, por un lado, más desfavorecidos en términos de capital social familiar que los estudiantes con uno o dos progenitores franceses,

---

[22] Los autores se refieren al «sense of entitlement», que se podría traducir como la pretensión de gozar de un cierto reconocimiento que es merecido, es decir, de que al individuo se le debe alguna cosa. Algunos autores lo asocian con personalidades narcisistas, aunque el texto incide más bien en el análisis sociológico. [Nota del traductor]

[23] Dado que la gran mayoría de los estudiantes de MC y UC tienen dos padres franceses (respectivamente, el 78% y el 92%), sólo podemos explorar las diferencias según el origen inmigrante en el caso de los estudiantes de LC. Comparamos los alumnos con dos progenitores franceses, con un progenitor francés y con dos progenitores nacidos en el extranjero.

ya que declaran tener menos conversaciones con miembros de su familia sobre sus planes de ES. Por otra parte, parecen más ambiciosos, lo que confirma los estudios anteriores centrados en las aspiraciones de los estudiantes inmigrantes (Ichou 2018; Modood 2012). También hablan de una mayor variedad de temas, especialmente «estratégicos», con sus redes personales y parecen menos preocupados por el coste y las oportunidades de empleo.

Para todas las clases sociales, también observamos una fuerte correlación entre el nivel de aspiración de los estudiantes en cuanto al número de años de ES que piensan cursar y sus interacciones con sus redes personales. En general, cuanto mayores son sus ambiciones, más interacciones tienen con su familia y amigos, más información reciben de ellos y más rico es el contenido de estas interacciones, en términos del número de temas mencionados, pero también de la frecuencia de los relacionados con el desarrollo de estrategias frente al APB y las IES y con la adecuación entre la oferta de ES y el habitus expresivo de los estudiantes. La frecuencia de las interacciones, especialmente con los miembros de la familia, parece tener un mayor efecto en los niveles de aspiración de los estudiantes de LC y UC que en los de MC. Sin embargo, dada la naturaleza de nuestros datos, no podemos desentrañar causa y efecto: ¿afecta la ambición a la propensión de los estudiantes a hablar de ES con sus amigos y familiares y a centrarse en determinadas cuestiones (o a la propensión de su círculo a hablar con ellos)? O, en línea con muchos estudios sobre las aspiraciones de los estudiantes (Davies y Kandel 1981; Spenner y Featherman 1978), ¿contribuyen los mayores niveles de interacción con la familia y los amigos a elevar los niveles de ambición de los estudiantes? La respuesta probablemente sea ambas.

También se observa una pauta similar, aunque menos clara, en lo que respecta al nivel académico autodeclarado por los estudiantes, lo que no resulta sorprendente dada la fuerte correlación entre esta variable y el nivel de aspiración de los estudiantes. Los estudiantes que se consideran «por debajo de la media» en comparación con sus compañeros tienden a hablar menos y sobre menos temas con sus redes personales. Sin embargo, estos efectos son más pronunciados entre los estudiantes de LC y MC, lo que sugiere que es menos probable que los estudiantes de UC y sus padres se desanimen a la hora de hacer planes de ES cuando los primeros tienen menos éxito (van Zanten 2009; Ball 2002). Sin embargo, también es importante señalar que, en todas las clases sociales, los estudiantes que se consideran «los mejores de su clase» no siempre hablan más o sobre más temas, probablemente porque sus altas calificaciones les dan más confianza para hacer planes autónomos (Edwards y Alldred 2000) y/o porque reciben más información y consejos de los profesores.

Diferencias de clase social asociadas a variaciones contextuales

No obstante, la influencia de la clase social en las redes personales de los estudiantes y en su papel en la preparación de los planes de ES está mediada por configuraciones contextuales. En este apartado se examinan dos de ellas, a saber, el itinerario de bachillerato y el tipo de centro de enseñanza secundaria, en términos de composición social[24]. Se demuestra que estas configuraciones afectan significativamente a las interacciones de los estudiantes con su red personal, sobre todo cuando se encuentran en itinerarios o centros menos habituales para su grupo social.

Variaciones según las vías del *lycée*

El estudio comparativo de Buchmann y Dalton (2002) muestra claramente que la influencia de los padres y los compañeros en las aspiraciones de los alumnos es mucho mayor en los sistemas de enseñanza secundaria relativamente indiferenciados que en los sistemas en los que los alumnos son asignados a itinerarios, ya que en estos últimos los alumnos son canalizados y autoseleccionados hacia los itinerarios de ES para los que se les prepara (Meyer 1970). Sin embargo, esto se aplica en particular a los sistemas con un seguimiento temprano entre las escuelas y probablemente se ha vuelto menos pronunciada con el aumento espectacular de las expectativas de los estudiantes y las inscripciones en la ES (Goyette 2008). En el caso francés, en el que los alumnos se dividen en tres ramas principales (académica, tecnológica y profesional) al final del primer ciclo de secundaria (collège) y en el que se ha producido un aumento significativo del número de alumnos que prosiguen sus estudios en la ES, nuestras observaciones muestran un panorama más complejo, en el que el nivel de

---

[24] También examinamos las variaciones según el estatus administrativo de los centros (estatales/privados), pero estas variaciones fueron menos significativas, ya que nuestra muestra sólo nos permite comparar a los alumnos de la UC en los dos centros «privilegiados», estatales y privados, y, por este motivo, pero también por falta de espacio, no las presentamos aquí.

interacción varía entre las distintas ramas para alumnos clases sociales similares. Sin embargo, nuestros datos no nos permiten explorar hasta qué punto esta variación se debe a un efecto de composición de la vía o a fuertes diferencias entre los planes de estudios y las prácticas de orientación de cada vía.

Estudiantes de CL. Los estudiantes de CL matriculados en itinerarios profesionales, en los que la gran mayoría de los estudiantes proceden de entornos de CL similares, hablan menos de sus opciones de ES con sus hermanos y amigos en la escuela, y más con amigos de fuera de la escuela cuyos consejos suelen seguir, pero no necesariamente en lo que se refiere a las oportunidades profesionales; hablan menos de este tema que los estudiantes de CL de otros itinerarios, probablemente porque tienen una visión negativa de su futuro profesional. Los matriculados en carreras tecnológicas tienen más probabilidades de no haber hablado nunca de sus opciones de ES con su madre, padre o familiares; sin embargo, los amigos del colegio, ya sean de un entorno similar al de los LC pero también potencialmente estudiantes de MC dado que ambos grupos sociales están representados en estas carreras, parecen desempeñar un importante papel prescriptivo. Esto es coherente con las conclusiones de los estudios que muestran que la influencia social de los amigos podría ser mayor en las trayectorias heterogéneas que permiten diversas trayectorias educativas futuras (Lorenz et al. 2020). Sin embargo, estos estudiantes de LC son también los menos propensos a hablar con sus redes personales sobre las posibilidades de éxito basadas en las calificaciones del *lycée*, muy probablemente porque éstas son menos importantes en los itinerarios cortos de FP de ES o en los itinerarios universitarios no selectivos a los que la mayoría de ellos tiene previsto presentarse (Convert 2003; Orange 2013). Por otra parte, los estudiantes de LC matriculados en itinerarios académicos se comportan de forma más parecida a los estudiantes de MC y UC que es probable que se encuentren en estos itinerarios: comentan sus planes de ES con más frecuencia con sus familiares y reciben más consejos de ellos. También son los que más probabilidades tienen de conocer personalmente a alguien que haya cursado o esté cursando los estudios que están considerando. Estos estudiantes siguen considerando que el coste es un tema importante, pero hablan con frecuencia de la adecuación entre las vías y campos de la ES y su personalidad y gustos, lo cual es un tema de discusión típico entre los estudiantes de la UC.

Estudiantes de MC. La vía seguida genera diferencias aún más pronunciadas en las conversaciones sobre ES con las redes personales entre los estudiantes de MC[25]. Los de la vía académica hablan significativamente más de sus proyectos de ES con sus madres, padres y familiares, así como con sus amigos dentro y fuera de la escuela. También aumenta el número de temas de los que hablan, y una mayor proporción de ellos cita los «estratégicos», así como las expectativas del profesorado de ES, el contenido de las distintas vías y campos de estudio, y la adecuación entre éstos y su personalidad y gustos.

Estudiantes de UC. Estos estudiantes pertenecían casi todos a la vía académica y sólo encontramos pequeñas diferencias entre las tres subvías (científica, económica y social, y literaria)[26] en las que completan sus dos últimos años de educación secundaria. La diferencia más significativa es que los de la vía científica reciben más opiniones y consejos de sus progenitores y conocen a más

---

[25] Debido a la menor muestra de estudiantes de MC en itinerarios profesionales, los consideramos junto con los de itinerarios tecnológicos.

[26] Una reforma de la vía académica de lycée en 2018 suprimió estas subvías. Los alumnos de esta vía siguen ahora un plan de estudios básico común junto con tres asignaturas optativas en 12º curso y dos en 13º (Pin y van Zanten 2021).

personas en sus redes personales (sobre todo progenitores, hermanos y familiares) que han cursado los mismos estudios que ellos. Esto se debe en parte a la mayor proporción de varones en esta opción en comparación con las otras dos, pero también al hecho de que es la más selectiva y prestigiosa, considerada, al igual que en otros países, como el «camino real» (Lidegran 2017) hacia las opciones de educación superior y las profesiones de alto estatus.

Variaciones según los centros de enseñanza secundaria

Varios estudios han puesto de manifiesto diferencias sustanciales en los planes y opciones de ES de los estudiantes según el centro de secundaria al que asisten (McDonough 1997; Pugsley 2004; Reay et al. 2001a). Los tres tipos de centros que consideramos en este estudio, es decir, «privilegiados», «heterogéneos» y «desfavorecidos», difieren ante todo en cuanto al origen social dominante de la población estudiantil, que refleja el efecto combinado de la ubicación del centro escolar y de las elecciones de alumnos y progenitores[27]. Aunque, en teoría, todas las escuelas deben seguir el mismo plan de estudios nacional para cada vía, en la práctica aplican diferentes «cartas» informales (Meyer 1970) en función de los perfiles sociales y académicos de los alumnos, así como de sus probables futuros académicos y profesionales, que influyen en el contenido de la enseñanza, pero también en la orientación de la ES.

---

[27] En la actualidad, los estudiantes franceses son asignados a los *lycées* estatales mediante un algoritmo que tiene en cuenta sus elecciones y les da prioridad en función del lugar de , que sigue siendo el criterio más importante, pero también de las notas y de la condición de becario. Algunos *lycées* públicos de prestigio, como el de nuestra muestra, han utilizado hasta hace poco procedimientos de admisión específicos, al igual que los *lycées* privados.

Estudiantes de LC. Asistir a un *lycée* privilegiado tiene un impacto muy significativo en las interacciones de los estudiantes de LC con sus redes personales. Aunque la pequeña proporción de estudiantes en esta situación habla más de ES con sus familias, especialmente con sus padres, reciben menos consejos familiares y tienen una menor tendencia a seguirlos que los estudiantes LC de otros tipos de centros. Esto está muy relacionado con el hecho de que, en este contexto, los estudiantes de LC confían mucho más en sus compañeros, cuyos consejos y opiniones desempeñan un papel fundamental en sus planes de ES. A la inversa, observamos un descenso significativo en la proporción de estudiantes que afirman haber recibido opiniones o consejos de amigos de fuera del colegio. También se observa un fuerte «efecto de contaminación» por parte de los compañeros y amigos del colegio en relación con los temas tratados. Aunque estos alumnos siguen preocupándose por los costes discuten temas «estratégicos» con mucha más frecuencia con sus redes personales. Estas diferencias significativas en el habitus de los estudiantes de LC –que, como se discutió anteriormente, también fueron observables entre los estudiantes de LC más ambiciosos y académicamente capaces, que son los que tienen más probabilidades de encontrarse en estas escuelas– muy probablemente también se deban a estar expuestos a un plan de estudios orientado a la ES y a prácticas de orientación sobre la ES más tempranas, intensas y personalizadas por parte de los profesionales de la educación en estos entornos (Olivier et al. 2018; Jack 2019). Por otro lado, encontramos que asistir a un *lycée* heterogéneo tiene más bien un impacto negativo en los estudiantes de LC, ya que es en este contexto en el que menos hablan sobre diversos temas y menos interacciones tienen con amigos en la escuela. Esto puede deberse, en primer lugar, a que en estos centros los alumnos hacen elecciones de ES muy diversas, lo que hace que les resulte más difícil «superar» el proceso con la ayuda de sus compañeros y, en segundo lugar, porque reciben menos orientación de ES por parte de los profesionales de la escuela.

Estudiantes de MC. Al igual que en el caso de los alumnos de CL, observamos un impacto positivo en las conversaciones con las redes personales de los alumnos de MC cuando asisten a un colegio privilegiado, con un fuerte aumento de las conversaciones con los miembros de la familia extensa, pero también con los amigos del colegio. Sin embargo, al contrario de lo observado para los alumnos de LC, no encontramos una disminución del nivel de consejos familiares ni de la tendencia de los alumnos a seguirlos. Esto probablemente esté relacionado con el hecho de que, dado que proceden de familias en las que los padres tienen niveles más altos de capital cultural y social, es menos probable que estos alumnos sientan la necesidad de recurrir a sus amigos de clase alta como fuentes compensatorias de información y consejo.

Estudiantes de UC. Dado el escaso número de alumnos de UC en colegios desfavorecidos, nuestra comparación sólo se refiere a los de *lycées* heterogéneos y privilegiados. Encontramos pocas variaciones en la frecuencia de las conversaciones con la familia y los amigos, aunque los alumnos de *lycées* privilegiados tienden más a seguir las opiniones y consejos de sus amigos. Asistir a un colegio privilegiado en lugar de uno heterogéneo tiene efectos más fuertes sobre el contenido de las conversaciones: mientras que el 53% de los estudiantes de la UC en colegios heterogéneos hablan sobre costes y planes de financiación con sus redes personales, sólo el 34% lo hace en colegios privilegiados. Asimismo, mientras que el 67% de los estudiantes de la UC en centros heterogéneos habla de la clasificación de las instituciones con sus redes personales, el 87% lo hace en los centros privilegiados. Estos resultados muestran, por un lado, que los estudiantes de la UC siguen recibiendo un importante asesoramiento y apoyo de sus progenitores independientemente del centro al que asistan (Lareau y Weininger 2010) pero también, por otro lado, que sus planes de ES siguen estando condicionados por el contexto escolar. Es probable que esto se deba tanto a «efectos de selección», ya que los estudiantes de la UC en centros heterogéneos tienen más probabilidades de proceder de familias menos pudientes y de obtener peores resultados académicos, como a efectos contextuales, relacionados con las características de los compañeros y profesionales con los que interactúan.

Discusión

De nuestro análisis de las diferencias de clase social en la estructura de las redes personales de los estudiantes y del papel que éstas desempeñan para ayudarles a desarrollar sus planes de ES, así como de nuestro examen de los factores contextuales mediadores, surgen pautas coherentes. Las interacciones de los estudiantes de la UC con los miembros de sus redes personales forman parte claramente de un «efecto Mateo»[28] más general relativo a la acumulación de

---

[28] Este término, que hace referencia a la acumulación de ventajas por parte de individuos de alto estatus, fue acuñado por el sociólogo Robert K. Merton (1968) y se inspiró en la Parábola de los Talentos del Evangelio de Mateo. [En el Evangelio de Mateo (25, 14-30) se narra una parábola sobre unas monedas (talentos), que concluye con el pronóstico de Jesús: «A todo el que tiene [dinero] se le dará [en el Reino de los Cielos] y le sobrará, pero al que no tiene, se le quitará hasta lo que tiene». Por tanto, lo que describe la parábola son dinámicas sociales de incremento: quien posee, recibe más, y quien no, pierde lo poco que posee, y por ende se magnifican las diferencias. (Nota del traductor)]

ventajas entre los grupos de clase dominantes (Bourdieu 1986; Bourdieu y Passeron 1977). Para estos estudiantes, el proceso de elección de la ES es un «asunto de familia» (van Zanten 2015; Lareau y Weininger 2010). Se benefician de las interacciones con las madres que, actuando a la vez como «mentoras» y como «estrategas» (Croll 2004), contribuyen de múltiples maneras a su éxito escolar y profesional (van Zanten 2009; Edwards y Alldred 2000; Lareau 2011), incluso durante el acceso a la ES y su finalización (Armstrong y Hamilton 2013). Pero también se benefician de las interacciones con los padres y los miembros de la familia extensa que actúan como modelos a seguir, especialmente para los chicos (David et al. 2003). Los estudiantes de la UC acumulan además capital social para la ES (Hill et al. 2015) a partir de redes de amistad que probablemente son altamente homófilas dados los esfuerzos de los padres por animarlos a pasar tiempo con otros como ellos (van Zanten 2009; Ball 2002). Así pues, los amigos pueden proporcionar información y consejos que no contradicen los ofrecidos por los miembros de la familia, sino que muy probablemente los complementan con información actualizada y detallada sobre los itinerarios, las clasificaciones de las IES y los procedimientos de selección. La influencia combinada de padres y amigos contribuye a la gran homogeneidad de las elecciones de estos estudiantes en cuanto al prestigio de las vías y las IES a las que se dirigen (Albouy y Wanecq 2003; Reay et al. 2001b). También es importante señalar que el compromiso de estos estudiantes con sus redes personales no varía tanto como en los otros grupos en función de la ambición y los logros personales o a las vías y escuelas en las que están matriculados, probablemente porque el control y el apoyo de los progenitores limitan el grado de variación individual y contextual.

En el otro extremo de la jerarquía social, el compromiso de los estudiantes de LC con las redes personales no suele permitirles reducir su desventaja inicial con respecto a los otros dos grupos sociales. Estos estudiantes tienen frecuentes conversaciones sobre la ES con sus familias, especialmente con sus madres, y con amigos tanto de la escuela como extraescolares, pero presumiblemente sobre todo para obtener el tan necesario apoyo emocional y moral dados los riesgos a los que se enfrentan en la ES (David et al. 2003). Aunque los hermanos y los miembros de la familia extensa pueden actuar como modelos y proporcionar cierto grado de «riqueza cultural comunitaria» (Yosso 2005), la información y el asesoramiento que estos estudiantes piden y/o reciben de sus redes personales es sobre todo de tipo «genérico» (Lareau 2000). No les ayuda a interactuar estratégicamente con la plataforma nacional de solicitud y admisión o con las IES ni aumenta sus posibilidades de encontrar un buen encaje entre sus aspiraciones, nivel académico y gustos y los distintos tipos de oferta de ES. Las chicas LC, los estudiantes de origen inmigrante y los estudiantes académicamente muy capaces son más propensos a buscar y beneficiarse del ejemplo y de la información y el asesoramiento que les proporcionan sus compañeros y amigos de clase. Esto confirma los resultados de los estudios que muestran que estos grupos tienden a implicarse más en la construcción activa de sus trayectorias escolares. Sin embargo, el nivel de interacción con los compañeros y amigos del colegio y el enriquecimiento cualitativo que puedan aportar a los proyectos de ES de los estudiantes de LC depende en gran medida de factores contextuales. Existen notables diferencias en la frecuencia y el contenido de las interacciones de los estudiantes de LC, sobre todo con sus compañeros, dependiendo de las vías y los centros en los que estén matriculados. Las pautas de interacción y los temas de debate de los estudiantes de la vía académica,

89

especialmente de las escuelas privilegiadas, son similares a los de sus compañeros, pero esto sólo se refiere a un pequeño grupo de estudiantes –(auto)seleccionados en función de sus resultados, ambición y, probablemente, de la implicación en su escolarización de los progenitores– que incorporan las normas y prácticas dominantes de la clase alta (Jack 2019).

La configuración y el papel de las redes personales de los estudiantes de MC con respecto a sus planes de ES son menos evidentes. Uno de los rasgos distintivos de estos estudiantes es que su búsqueda de información y consejo se limita más a los miembros del núcleo familiar que en los otros dos grupos, y parece que los amigos sólo les proporcionan apoyo moral. Las madres, en particular, parecen ser su principal referencia, lo que es típico del estilo de crianza «maternalista» que Kellerhals y Montandon (1991) encontraron más presente entre las familias LC, pero que también podría estar presente entre las familias MC que han experimentado un proceso de movilidad ascendente. Asimismo, los contextos más heterogéneos en los que estos alumnos experimentan la socialización familiar y escolar podrían explicar la presencia de patrones de interacción que en ocasiones se aproximan más a los de los alumnos de LC y en otras a los de los alumnos de UC.

Conclusiones

Nuestros resultados muestran claramente que las interacciones de los estudiantes sobre sus futuros planes de estudio con los miembros de sus redes personales están influidas por su posición social, que refleja tanto las disposiciones adquiridas en casa como el capital económico y cultural de la familia. Aunque esto es lo que nuestro marco conceptual nos hacía esperar, nuestra investigación aporta nuevas pistas sobre el papel específico que desempeñan determinadas disposiciones y capitales en términos tanto de configuración como de contenido de la red. Las diferencias en el tamaño de la red, en su composición y en la importancia que se concede a la información y los consejos proporcionados por distintas personas reflejan, en primer lugar, las diferentes formas de relacionarse con los miembros de la familia, los conocidos y los amigos aprendidas a través de la socialización primaria y, en segundo lugar, las orientaciones culturales de los estudiantes y su capacidad para evaluar los recursos culturales que estas personas pueden proporcionar, que varían en función de los grupos sociales. Las diferencias en el contenido de las redes, sin embargo, están claramente influidas por el nivel académico de los estudiantes y sus conocimientos previos sobre el campo de la ES, así como por su grado de preocupación por los costes económicos. Las disposiciones, especialmente las aspiraciones, también pueden desempeñar un papel clave.

Nuestro análisis de la repercusión del contexto escolar en la forma y el contenido de las redes personales en las que se basan los estudiantes para elaborar sus planes de ES también arroja nuevos datos sobre la persistencia y el cambio de habitus. Nuestros resultados muestran claramente que los estudiantes se ven

91

afectados de forma desigual por su entorno escolar, dependiendo de su clase social. Los resultados contrastantes entre los estudiantes UC, cuyo habitus se mantiene muy similar a través de los contextos, y los estudiantes LC, que cambian bastante radicalmente, al menos cuando se trata de hacer planes de ES, pueden atribuirse en parte, para los primeros, al fuerte control de sus progenitores sobre sus carreras escolares (Ball 2002; Lareau 2011) y, para los padres, al hecho de que constituyen una minoría seleccionada y patrocinada por sus padres y profesores debido a sus buenos perfiles académicos (Olivier et al. 2018). Estos resultados, sin embargo, también muestran que la perdurabilidad de las disposiciones primarias depende de la fuerza con que fueron impuestas, lo que a su vez descansa en la homogeneidad y complementariedad de las perspectivas y acciones de los principales agentes socializadores. Los estudiantes de la UC tienen un habitus muy interiorizado con respecto a los futuros deseables en la ES y a cómo conseguirlos con la ayuda de sus padres y de grupos selectivos de amigos. Este habitus ha sido alimentado en casa y en la escuela por padres y profesores que están convencidos de que éste es su camino «natural» y que les proporcionan modelos de conducta y habilidades culturales compatibles. Por el contrario, es probable que la mayoría de los estudiantes LC se hayan criado en familias en las que el futuro de la ES parece incierto y en las que reciben mensajes contradictorios, explícitos e implícitos, de padres, hermanos, amigos y profesores. Para que se cambios significativos, es necesario que estos estudiantes estén inmersos en entornos escolares en los que las carreras ambiciosas de ES constituyan una norma común entre profesores, compañeros y padres (Roksa y Robinson 2017).

Nuestros datos no han permitido demostrar que las diferencias en el tamaño y la composición de las redes personales de los estudiantes, y en cómo las utilizan para obtener información y asesoramiento sobre planes y opciones de ES, contribuyen a reproducir las desigualdades de clase en el acceso a la ES. Sin embargo, es obvio que en los sistemas de ES como el francés, que está muy fragmentado y jerarquizado y en el que los procedimientos de admisión a la ES son a menudo complejos y opacos (van Zanten 2019), el acceso al conocimiento tanto «frío» como «caliente» (Ball y Vincent 1998) sobre el campo de la ES es un activo cultural clave. Aunque los estudiantes de LC suelen beneficiarse de un fuerte apoyo emocional y moral de sus padres (y en particular de la madre) a sus planes de ES, siguen estando en desventaja cuando se trata de estos activos culturales clave porque no tienen padres con experiencia en ES y no disfrutan de vínculos sólidos con profesores y asesores profesionales (Horvat et al. 2003; Cox et al. 2021). Esta desventaja sólo puede compensarse en parte si estos estudiantes se benefician tanto del apoyo institucional formal como de la influencia y ayuda informal de sus compañeros de clase. No obstante, existe aquí un sólido argumento a favor de las políticas destinadas a reducir las desigualdades en la prestación de servicios educativos (sobre todo en lo que respecta al momento, la cantidad y el grado de personalización del asesoramiento en materia de ES [McDonough 1997; Olivier et al. 2018; Gast 2022]) y los niveles de segregación en todo el sistema educativo.

Bibliografía

Albouy, V., y T. Wanecq. 2003. «Les Inégalités Sociales d'Accès aux Grandes Ecoles.» *Économie et Statistique* 361 (1): 27-52.

Alexander Jr, C. N., y E. Q. Campbell. 1964. «Peer Influences on Adolescent Educational Aspirations and Attainments.» *American Sociological Review* 29 (4): 568-575.

Alon, S. 2009. «The Evolution of Class Inequality in Higher Education: Competition, Exclusion, and Adaptation.» *American Sociological Review* 74: 731-755.

Alwin, D. F., y L. B. Otto. 1977. «High School Context Effects on Aspirations.» *Sociology of Education* 50 (4): 259-273.

Archer, L., y M. Hutchings 2000. «"Bettering Yourself? " Discourses of Risk, Cost and Benefit in Ethnically Diverse, Young Working-Class Non-Participants Constructions of Higher Education.» *British Journal of Sociology of Education* 21 (4): 555-574.

Archer, L., M. Hutchings, y A. Ross. 2003. *Higher Education and Social Class. Issues of Exclusion and Inclusion.* Londres: RoutledgeFalmer.

Armstrong, E., y L. Hamilton. 2013. *Paying for the Party. How College Maintains Inequality.* Cambridge, Mass.: Harvard University Press.

Ball, S. J. 2002. *Class Strategies and the Education Market. The Middle Classes and Social Advantage.* Londres: Routledge.

Ball, S. J., M. Maguire, y S. Macrae. 2000. *Choice, Pathways and Transitions Post-16.* Londres: Routledge.

Ball, S. J., y C. Vincent. 1998. «"I Heard It on the Grapevine. " "Hot" Knowledge and School Choice.» *British Journal of Sociology of Education* 19 (3): 377-400.

Bathmaker, A. M., J. Abraham, R. Walker, N. Ingram, A. Hoare, y H. Bradley. 2016. *Higher Education, Social Class and Social Mobility: The Degree Generation.* Londres: Palgrave Macmillan.

Beaud, S. 2020. *La France des Belhoumi. Portraits de Famille (1977-2017).* París: La Découverte.

Boliver, V. 2011. «Expansion, Differentiation, and the Persistence of Social

Class Inequalities in British Higher Education.» *Higher Education* 61 (3): 229-242.

Bourdieu, P. 1980. «Le capital social.» *Actes de la Recherche en Sciences Sociales* 31: 2-3.

Bourdieu, P. 1984. *Distinction: A Social Critique of the Judgment of Taste.* Trans. R. Nice. Cambridge, MA: Harvard University Press.

Bourdieu, P. 1986. «The Forms of Capital.» En J. E. Richardson (ed.) *Handbook of Theory of Research for the Sociology of Education.* Westport, CT: Greenwood Press, 241-258.

Bourdieu, P., y J.-C. Passeron. 1977. *Reproduction in Education, Society and Culture.* Londres: Sage.

Brooks, R. 2003. «Young People's Higher Education Choices: The Role of Family and Friends.» *British Journal of Sociology of Education* 24 (3): 283-297.

Brooks, R. 2004. *Friendship and Educational Choice: Peer Influence and Planning for the Future.* Springer.

Buchmann, C. y B. Dalton. 2002. «Interpersonal Influences and Educational Aspirations in 12 Countries: The Importance of Institutional Context.» *Sociology of Education*: 99-122.

Ceja, M. 2004. «Chicana College Aspirations and the Role of Parents: Developing Educational Resiliency.» Journal of Hispanic Higher Education 3 (4): 338-362.

Coleman, J. S. 1988. «Social Capital in the Creation of Human Capital.» *American Journal of Sociology* 94: S95-S120.

Convert, B. 2003. «Des Hiérarchies Maintenues. Espace des Disciplines, Morphologie de l'Offre Scolaire et Choix d'Orientation en France, 1987-2001.» *Actes de la Recherche en Sciences Sociales* 149 (4): 61-73.

Cox, A.B., A.C. Steinbugler and R. Quinn. 2021. «It's Who You Know (and Who You Are): Social Capital in a School-Based Parental Network.» *Sociology of* Education 94 (4): 253- 270.

Croll, P. 2004. «Families, Social Capital and Educational Outcomes.» *British Journal of Educational Studies* 52 (4): 390-416.

David, M., S. J. Ball y D. Reay 2003. «Gender Issues in Parental Involvement in Student Choices of Higher Education.» *Gender and Education* 15

(1): 21-36.

Davies, M. y D. B. Kandel. 1981. «Parental and Peer Influences on Adolescents ' Educational Plans: Some Further Evidence.» *American Journal of Sociology* 87 (2): 363-387.

Duncan, O. D., A. O. Haller y A. Portes. 1968. «Peer Influences on Aspirations: A Reinterpretation.» *American Journal of Sociology* 74 (2): 119-137.

Dupriez V., C. Monseur y M. Van Campenhoudt. 2009. «Etudier à l'Université. Le Poids des Pairs et du Capital Culturel Face aux Aspirations d'Etudes.» *Les Cahiers de Recherche en Education et en Formation* 75.

Duru-Bellat, M. y A. Kieffer. 2008. «Du Baccalauréat à l'Enseignement Supérieur en France: Déplacement et Recomposition des Inégalités.» *Population* 63 (1): 123-157.

Edwards, R., y P. Alldred. 2000. «A Typology of Parental Involvement in Education Centring on Children and Young People: Negotiating Familialisation, Institutionalisation and Individualisation.» *British Journal of Sociology of Education* 21 (3): 435-455.

Fann, A., K. McClafferty Jarsky y P. McDonough. 2009. «Parent Involvement in the College Planning Process: A Case Study of P-20 Collaboration.» *Journal of Hispanic Higher Education* 8 (4): 374-393.

Fletcher, J., and M. Tienda. 2009. «High School Climate and College Success.» Sociology of Education 82 (4): 287-314.

Frouillou, L., C. Pin y A. van Zanten. 2019. «Le Rôle des Instruments dans la Sélection des Bacheliers dans l 'Enseignement Supérieur. La Nouvelle Gouvernance des Affectations par les Algorithmes.» *Sociologie* 10: 209-215.

Gao, F. y B. Adamson. 2022. «Exploring the Role of Community Cultural Wealth in University Access for Minority Students.» *British Journal of Sociology of Education* 43 (6): 916-929.

Gast, M. J. 2022. «Reconceptualizing College Knowledge: Class, Race and Black Students in a College-Counseling Field.» *Sociology of Education* 95 (1): 43-60.

Goyette, K. A. 2008. «College for Some to College for All: Social Background, Occupational Expectations, and Educational Expectations

Over Time.» *Social Science Research* 37 (2): 461-484.

Hill, L. D., A. Bregman y F. Andrade. 2015. «Social Capital for College: Network Composition and Access to Selective Institutions Among Urban High School Students.» *Urban Education* 50 (3): 316-345.

Holland, N. E. 2011. «The Power of Peers: Influences on Postsecondary Education Planning and Experiences of African American Students.» *Urban Education* 46 (5): 1029-1055.

Holland, M. M. 2020. «Framing the Search: How First-Generation Students Evaluate Colleges.» *The Journal of Higher Education* 91 (3): 378-401.

Horvat, E. M., E. B. Weininger y A. Lareau. 2003. «From Social Ties to Social Capital: Class Differences in the Relations between Schools and Parent Networks.» *American Educational Research Journal* 40 (2): 319-351.

Hugrée C. y T. Poullaouec. 2022. *L'Université qui Vient. Un Nouveau Régime de Sélection Scolaire.* París: Raisons d'agir.

Ichou, M. 2018. *Les Enfants d'Immigrés à l'Ecole: Inégalités Scolaires du Primaire à l 'Enseignement Supérieur.* Presses Universitaires de France.

Jack, A. A. 2019. *The Privileged Poor. How Elite Colleges are Failing Disadvantaged Students.* Cambridge, Mass.: Harvard University Press.

Jayet, C. 2022. «When Lines of Class Division Run Through Families: Comparing Mother's and Father's Influence on Social Destiny». Working paper. Accessed at https://www.gemass.fr/wpcontent/uploads/2022/08/Jayet_2022_WP_class_divisions_through_families.pdf.

Kandel, D. B. y G. S. Lesser. 1969. «Parental and Peer Influences on Educational Plans of Adolescents.» *American Sociological Review* 34 (2): 213-223.

Kellerhals, J. y C. Montandon. 1991. *Les Stratégies Educatives des Familles.* Neufchâtel: Delachaux et Niestlé.

Klevan S., S. Weinberg, and J. Middleton. 2016. «Why the Boys are Missing. Using Social Capital to Explain Gender Differences in College Enrollment for Public High School Students.» *Research in Higher Education* 57 (2): 223-259.

Lahire B. 2011. *The Plural Actor*. Cambridge: Polity Press.

Lamont, M., and A. Lareau 1988. «Cultural Capital: Allusions, Gaps and Glissandos in Recent Theoretical Developments.» *Sociological Theory*. 6: 153-168.

Lareau, A. 2000. *Home Advantage. Social Class and Parental Intervention in Elementary Education*, 2nd ed. Landham, MD: Rowman and Littlefield.

Lareau, A. 2011. *Unequal Childhoods*. University of California Press.

Lareau, A. y E. M. Horvat. 1999. «Moments of Social Inclusion and Exclusion: Race, Class, and Cultural Capital in Family-School Relationships.» *Sociology of Education* 72: 37– 53.

Lareau, A. y E. B. Weininger. 2003. «Cultural Capital in Educational Research: A Critical Assessment.» *Theory and Society* 32: 567–606.

Lareau, A. y E. Weininger. 2010. «Class and the Transition to Adulthood.» En A. Lareau, and D. Conley (eds) *Social Class. How Does It Work?* New York: Russell Sage Foundation, 118-151.

Lenoir, R. 2016. «Capital Social et Habitus Mondain. Formes et États du Capital Social dans l'Oeuvre de Pierre Bourdieu». *Sociologie* 7 (3): 281-300.

Lidegran, I. 2017. «The Royal Road of Schooling in Sweden: The Relationship between the Natural Science Programme in Upper Secondary School and Higher Education.» *Rassegna Italiana di Sociologia* 58 (2): 419-448.

Lorenz, G., Z. Boda, Z. Salikutluk y M. Jansen. 2020. «Social Influence or Selection? Peer Effects on the Development of Adolescents' Educational Expectations in Germany. » *British Journal of Sociology of Education* 41 (5): 643-669.

Luedke, C. L. 2020. «Lifting While We Climb: Undergraduate Students of Color Communal Uplift and Promotion of College-Going Within their Communities.» *The Review of Higher Education* 43 (4): 1167-1192.

McDonough, P. M. 1997. *Choosing Colleges: How Social Class and Schools Structure Opportunity*. New York: Suny Press.

Merton, R. 1968. «The Matthew Effect in Science.» *Science* 159 (3810): 56-63.

Meyer, J. W. 1970. «High School Effects on College Intentions.» *American Journal of Sociology* 76 (1): 59-70.

Modood, T. 2012. «Capitals, Ethnicity and Higher Education.» En: T. Basit and S. Tomlinson (eds) *Social Inclusion and Higher Education*. Bristol: The Policy Press, 17-40.

Nakhili, N. 2004. «Impact du Contexte Scolaire dans l'Elaboration des Choix d'Etudes Supérieures des Elèves de Terminale.» *Education et Formations* 72: 155.

Noble, J. y P. Davies. 2009. «Cultural Capital as an Explanation of Variation in Participation in Higher Education.» *British Journal of Sociology of Education* 30 (5): 591–605.

Olivier, A., A. C. Oller y A. van Zanten. 2018. «Channelling Students into Higher Education in French Secondary Schools and the Re-Production of Educational Inequalities. Discourses and Devices.» *Etnografia e Ricerca Qualitativa* 11 (2): 225-250.

Orange, S. 2013. *L'Autre Enseignement Supérieur. Le BTS et la Gestion des Aspirations Scolaires*. París: Presses Universitaires de France.

Perez, P. A. y P. M. McDonough. 2008. «Understanding Latina and Latino College Choice: A Social Capital and Chain Migration Analysis.» *Journal of Hispanic Higher Education* 7 (3): 249-265.

Perna, L. W. 2000. «Differences in the Decision to Attend College Among African Americans, Hispanics, and Whites.» *The Journal of Higher Education* 71 (2): 117-141.

Perna, L. W. y M. A. Titus. 2005. «The Relationship Between Parental Involvement as Social Capital and College Enrollment: An Examination of Racial/Ethnic Group Differences.» *The Journal of Higher Education* 76 (5): 485-518.

Pin, C. y A. van Zanten. 2021. «The Impact on French Upper Secondary Schools of Reforms Aiming to Improve Students' Transition to Higher Education.» *Oxford Research Encyclopedia of Education*.

Pinçon, M. y M. Pinçon-Charlot. 2016. *Sociologie de la Bourgeoisie*. París: La Découverte.

Portes, A. 1998. «Social Capital: Its Origins and Applications in Modern Sociology.» *Annual Review of Sociology* 24 (1): 1-24.

Pugsley, L. 2004. *The University Challenge: Higher Education Markets and*

Social Stratification. Londres: Ashgate.

Reay, D., M. David y S. J. Ball. 2001a. «Making a Difference? Institutional Habituses and Higher Education Choice.» *Sociological Research Online* 5 (4).

Reay, D., J. Davies, M. David y S. J. Ball. 2001b. «Choice of Degree or Degrees of Choice? Class, "Race" and the Higher Education Choice Process» *Sociology* 35 (4): 855-874.

Roksa, J. y K. J. Robinson. 2017. «Cultural Capital and Habitus in Context. The Importance of High School College-Going Culture.» *British Journal of Sociology of Education* 38 (8): 1230-1244.

Rosenqvist, E. 2017. «Two Functions of Peer Influence on Upper-Secondary Application Behavior» *Sociology of Education* 91 (1): 72-89.

Seibel, C. 2004. «Les liens entre Pierre Bourdieu et les statisticiens à partir de son expérience algérienne. » In: *J. Bouveresse and D. Roche (eds) La liberté par la connaissance. Pierre Bourdieu (1930-2002)* París: Odile Jacob, 105-121.

Shavit, Y., R. Arum y A. Gamoran. (eds.) 2007. *Stratification in Higher Education: A Comparative Study.* Stanford, Cal.: Stanford University Press.

Smith, E. 2023. «Peer Preferences and Educational Decisions. Heterogeneous Associations Across Student Socioeconomic Status.» *British Journal of Sociology of Education* 44 (2): 374-393.

Smith, S. S. y J. Kulynych. 2002. «It May Be Social but Why Is It Capital? The Social Construction of Social Capital and the Politics of Language. » *Politics & Society* 30 (1): 149- 186.

Spenner, K. I. y D. L. Featherman. 1978. «Achievement Ambitions. » *Annual Review of Sociology*: 373-420.

Stanton-Salazar, R. D. 1997. «A Social Capital Framework for Understanding the Socialization of Racial Minority Children and Youth. » *Harvard Educational Review* 67 (1): 1- 40.

Stanton-Salazar, R. D. y S. M. Dornbush. 1995. «Social Capital and the Reproduction of Inequality: Information Networks among Mexican-Origin High School Students. » *Sociology of Education* 68 (2): 116-135.

Tierney, W. G. y K. M. Venegas. 2006. «Fictive Kin and Social Capital: The

Role of Peer Groups in Applying and Paying for College. » *American Behavioral Scientist* 49 (12): 1687-1702.

Uvaag, S. A. 2023. «Siblings Educational Mobility and The Educational Stratification of Families.» *British Journal of Sociology of Education* 44 (5): 824-842.

Van Houtte, M. y P. A. J. Stevens. 2010. «School Ethnic Composition and Aspirations of Immigrant Students in Belgium. » *British Educational Research Journal* 36 (2): 209-237.

van Zanten, A. 2009. *Choisir son École. Stratégies Familiales et Médiations Locales.* Presses Universitaires de France.

van Zanten, A. 2015. «A Family Affair: Reproducing Elite Positions and Preserving the Ideals of Meritocratic Competition and Youth Autonomy.» En: A. van Zanten, S. Ball and B. Darchy-Koechlin (eds.) *World Yearbook of Education*. Routledge, 29-42.

van Zanten, A. 2019. «Neo-Liberal Influences in a 'Conservative' Regime: The Role of Institutions, Family Strategies, and Market Devices in Transition to Higher Education in France. » *Comparative Education* 55 (3): 347-366.

Waithaka, E. N. 2014. «Family Capital: Conceptual Model to Unpack the Intergenerational Transfer of Advantage in Transitions to Adulthood. » *Journal of Research on Adolescence* 24 (3): 471-484.

Yosso, T. J. 2005. «Whose Culture has Capital? A Critical Race Theory Discussion of Community Cultural Wealth. » *Race, Ethnicity and Education* 8 (1): 69-91.

Zimdars, A. 2010. «Fairness and Undergraduate Admissions: A Qualitative Exploration of Admissions Choices at the University of Oxford.» *Oxford Review of Education* 38 (3): 307- 323.

El encuadre «encantado» de las opciones de los estudiantes en las ferias de enseñanza superior

ANNE-CLAUDINE OLLER, JESSICA POTHET Y AGNÈS VAN ZANTEN[29,30]

Las ferias de educación superior son una importante fuente de información y asesoramiento sobre la oferta de cursos de posbachillerato y la forma de acceder a ellos, y llegan a un amplio público de alumnos de secundaria, estudiantes y padres. Sin embargo, salvo contadas excepciones (Divert, 2015), no han atraído la atención de los investigadores. El objetivo de este artículo es analizar el papel que desempeñan en la transición de los estudiantes a la enseñanza superior privada. Utilizando la noción de «encuadre» [framing] definida por Bateson (1972) y Goffman (1974), estas ferias se analizan aquí como dispositivos en los que se manipulan ciertas dimensiones asociadas a la transición a la educación superior para alterar la percepción e influir en las elecciones de los visitantes. Esta manipulación se basa en técnicas de *«encantamiento»* (marketing, packaging) ampliamente utilizadas en el mundo del consumo (Cochoy, 1999; 2002), recurriendo en particular a la vertiente expresiva del consumidor.

[29] Anne-Claudine Oller, Jessica Pothet et Agnès van Zanten, « Le cadrage « enchanté » des choix étudiants dans les salons de l'enseignement supérieur », Formation emploi [En ligne], 155 | Juillet-Septembre, mis en ligne le 22 novembre 2021, consulté le 04 janvier 2023. URL : http:// journals.openedition.org/formationemploi/9632 ; DOI : https://doi.org/10.4000/formationemploi.9632

[30] Anne-Claudine Oller, socióloga, profesora de educación en la Universidad Paris-Est Créteil, investigadora en el Laboratorio interdisciplinario de investigación sobre las transformaciones de las prácticas educativas y sociales (LIRTES) y miembro asociado del Observatorio sociologico del cambio (Sciences Po).
Jessica Pothet, socióloga, profesora de sociología en el Institut du Professorat des Écoles de Lorraine, investigadora en el Laboratoire Lorrain de Sciences Sociales (2L2S).
Agnès van Zanten, socióloga, directora de investigación en el Centre National de la Recherche Scientifique en el Observatoire Sociologique du Changement (Sciences Po/CNRS).

A través de imágenes y discursos, se invita a los consumidores a proyectarse en un futuro radiante, donde casi todo es posible, y en futuras experiencias de estudio y trabajo, escenificadas con vistas a satisfacer y estimular a la vez su deseo de éxito y realización (Beckert, 2016).

Este texto se divide en tres partes. Tras una presentación de las condiciones en las surgen las ferias y de los agentes que intervienen en su organización (I), se analizan el discurso y los mecanismos desplegados en estos eventos (II) y, a continuación, sus distintos grados de influencia sobre los visitantes (III)[31].

Recuadro 1. Metodología

Nuestros análisis se basan en un estudio etnográfico a gran escala de las ferias de educación superior de la región de Île-de-France, destinadas a los jóvenes que se preparan para acceder a su primer año de educación superior. El estudio de estas ferias durante un periodo relativamente largo (2011-2018) permite comprender los cambios recientes en el ámbito de la educación superior: la creciente demanda de que los jóvenes y sus familias participen activamente en proceso de orientación, la introducción de plataformas digitales para gestionar las solicitudes de los estudiantes, el fuerte crecimiento de las instituciones de educación superior con ánimo de lucro y proliferación de agencias y asociaciones privadas que ofrecen servicios de orientación. El estudio incluye quince entrevistas con directivos y empleados de las principales agencias que organizan estas ferias y un estudio de diecinueve ferias, mediante observación, entrevistas y una encuesta por cuestionario.

Las observaciones de los participantes se realizaron, a veces de incógnito, a veces al descubierto, utilizando una guía cuyos temas principales eran la organización general del salón (la acogida, los establecimientos representados en

[31] Este proyecto de investigació se benefició del apoyo de l'Agence nationale de la recherche (ANR) y del Estado en el marco del Programme d'investissements d'avenir dans le cadre du labex Laboratoire interdisciplinaire d'évaluation des politiques publiques (LIEPP), referencia: ANR-11-LABX-0091, ANR-11-IDEX-0005-02.

los stands y su disposición espacial, el contenido de las conferencias y el perfil de los ponentes, así como su disposición temporal); las herramientas de marketing utilizadas en los stands y los intercambios con los visitantes; la puesta en escena de las conferencias y los discursos e intercambios dentro de ellas; las características generales, actitudes e itinerarios de los visitantes. En cada salón se observaron entre cinco y diez stands y entre tres y cinco conferencias, teniendo en cuenta la variedad de la oferta. Se observó a los visitantes para diversificar su filiación social a partir de características perceptibles (lenguaje corporal, vestimenta, idioma).

Estas observaciones se completaron con entrevistas breves (entre quince y treinta minutos) con los organizadores de los stands (personal administrativo y alumnos de los centros en cuestión) y los visitantes (alumnos de secundaria y padres), también elegidos teniendo en cuenta su diversidad. En el marco de la observación participante de los stands, de las conferencias y de la distribución de los cuestionarios, se trató de conversaciones bastante abiertas. En el caso de los presentadores, se centraron en cómo veían su papel en relación con los visitantes y la naturaleza de la información y los consejos que proporcionaban, y en el caso de los visitantes, en sus expectativas del salón, el uso que hacían de él y su nivel de satisfacción con la visita. Estas entrevistas se analizaron mediante una rejilla temática.

En la mayoría de los casos, los cuestionarios se distribuyeron 454 padres y 1.072 jóvenes voluntarios a la salida de las ferias. Nos resulta imposible saber si los encuestados son representativos de los visitantes en cuanto a su perfil social, dada la ausencia de estadísticas sobre estos. Las preguntas se referían a las actitudes y prácticas previas a la feria (conocimiento de su existencia, procedimientos de orientación realizados y previstos, preparación de la visita, expectativas de la visita); las actividades en la feria (número de stands visitados, recogida o no de folletos, naturaleza de los contactos e intercambios; número y título de las conferencias a las que asistieron) el perfil social de los jóvenes que participaron en la visita (sexo, edad, clase, centro de enseñanza, rama, nivel de estudios, rama y nivel de estudios post-bachillerato previstos), y de los padres (sexo, nivel estudios, clase social).

1. Un marco comercial para la movilidad hacia la enseñanza superior privada

Son muchas las influencias –inhibidoras o facilitadoras, a largo plazo o inmediatas– que se ejercen sobre los jóvenes que se disponen a cruzar el umbral de la enseñanza superior. Las que emanan de la familia y los amigos (Reay et al., 2005) y del ámbito educativo, ya sea en términos de la carrera seguida (Convert, op. cit.) o de la escuela a la que se asiste (Olivier et al., 2018), son especialmente poderosas. A estas influencias hay que añadir de un número creciente de mecanismos destinados a enmarcar las opciones de los jóvenes en materia de educación superior a través de una serie de dispositivos materiales y simbólicos (Foucault, 1975; Goffman, op. cit.). Algunos de ellos son instrumentos diseñados por el Estado (Lascoumes y Le Galès, 2004), mientras que otros pertenecen a la esfera comercial (Callon et al., 2007). Sin embargo, cada vez resulta más difícil e establecer una distinción clara entre estos dos tipos de mecanismos (McFall, 2014), ya que cada vez están más entrelazados en la acción pública. Este entrelazamiento puede adoptar diversas formas, entre ellas la que nos interesa aquí, a saber, la delegación por parte de determinadas formas de control de los comportamientos en agentes y sistemas privados (Dubuisson-Quellier, 2016).

1.1. Una respuesta comercial a un problema público

Las ferias están organizadas principalmente por grupos mediáticos privados que recontextualizan la transición de la enseñanza secundaria a la superior en términos comerciales. No obstante, estos grupos afirman cumplir una misión de interés público y gozan de un fuerte reconocimiento por parte de los agentes estatales. Esto se refleja de varias maneras por el hecho de que la información sobre sus actividades es ampliamente difundida por las oficinas regionales de la Office national d'information sur les enseignements et les professions (Onisep)[32], los Consejos Regionales y los Rectorados; por el hecho de que estos actores a menudo patrocinan estos actos simbólicamente, enviando representantes, y a veces financieramente, fletando autobuses, por ejemplo, para que pueda asistir un gran número de alumnos de secundaria; y por el hecho de que los directores y profesores, en particular los de centros de secundaria con una población mixta o de clase trabajadora, hacen de estos actos una parte central de sus actividades de orientación (Olivier et al., op. cit.).

Estas observaciones, y las relativas a las condiciones de aparición de las ferias, nos llevan a plantear la hipótesis de que constituyen una respuesta comercial a un problema público, el «éxito» de la transición de los estudiantes de la secundaria a la superior. La intervención de los agentes del mercado se ve facilitada y parece más legítima que en otros ámbitos de la educación por varias razones. Por una parte, los establecimientos de enseñanza superior, tanto privadas como públicas, están cada vez más vinculadas a las empresas como consecuencia de la creciente *profesionalización* de los cursos de formación (Maillard, 2012). Además, las regiones, que ya delegaban en gran medida sus actividades de inserción profesional en los operadores del mercado o las asociaciones, están en vías de hacer lo mismo para la información orientación hacia la enseñanza superior, de la que son responsables desde 2018. Por último, los jóvenes se han constituido como categoría apoyándose en un universo de mercado que les permite distinguirse de otros grupos de edad y recrear nuevas distinciones en su seno (Galluzzo, 2020), lo que hace a los jóvenes muy permeables a las ofertas identitarias de este universo.

Sin embargo, para comprender el funcionamiento de los salones, es necesario precisar el tipo de control sobre la conducta que el Estado delega en ellos. Al reelaborar la distinción de L. Karpik (2007) entre sistemas de juicio impersonales y personales, introduciendo un tercer tipo de sistema «semipersonal», podemos situar mejor el margen acción de que disponen los actores que se han apoderado de este sistema. Desde 2009, el Estado ha centrado en gran medida

---

[32] La Onisep (Office national d'information sur les enseignements et les professions) es una agencia gubernamental dependiente del Ministerio de Educación Nacional y Juventud y del Ministerio de Enseñanza Superior, Investigación e Innovación.

sus esfuerzos en el desarrollo de sistemas mp permanentes, en particular las plataformas digitales *Admission Post-Bac* y luego *Parcoursup*[33]. Sin embargo, estos sistemas están resultando inadecuados para ayudar a los jóvenes a evaluar las oportunidades educativas, no solo por su desigual capacidad para comprender la información proporcionada y el funcionamiento de de emparejamiento (Frouillou et al., 2020), sino también porque estas oportunidades son bienes experienciales, cuyos efectos dependen estrechamente de las cualidades y el compromiso de los usuarios (Musselin y Paradeise, 2002). Por esta razón, los mecanismos personales, como las redes familiares y de amistad, desempeñan un papel crucial, pero también resultan insuficientes cuando las opciones a las que se dirigen son diferentes de las de las personas de su entorno, especialmente cuando estas últimas no están familiarizadas con la enseñanza superior, o cuando tienen lugar en contextos cambiantes.

Las limitaciones de estos dos tipos de sistemas crean un espacio para el despliegue de sistemas «semipersonales», es decir, para la intervención de personas y herramientas susceptibles de proporcionar a los jóvenes información y asesoramiento adecuados a su caso, pero también de animarlos a identificarse con sus futuras experiencias de estudio (Slack et al., 2012). Esta función solo la cumplen imperfectamente los profesionales de la educación en las escuelas, en parte es probable que solo «inspiren» a una pequeña proporción de los jóvenes que van a dedicarse a la enseñanza o a profesiones afines; en segundo lugar, porque su inversión en el campo de la orientación hacia la enseñanza , muy fomentada en el discurso gubernamental, se refleja en la práctica en la marginación de los orientadores (Lehner, 2020) y en el creciente número de solicitudes que se hacen a los profesores; y ello sin modificar ni su formación ni sus servicios y sin dotarles de herramientas eficaces. Además, el grado en que estos profesionales invierten en este campo varía en función del tipo de escuela y de los grupos a los que atienden (Olivier et al., op. cit.).

---

[33] Véase el primer artículo de Agnes van Zanten. [Nota del traductor]

1.2. Objetivos convergentes y lógica de mercado

Así pues, todavía hay sitio para los agentes comerciales, que han comprendido rápidamente la importancia de ofrecer nuevos servicios de orientación a los «nuevos estudiantes» surgidos como consecuencia de la masificación de la enseñanza superior. No es casualidad que L'Étudiant organizara la primera feria francesa de la enseñanza superior en 1986, un año después de que el Ministro de Educación J. P. Chevènement lanzara el eslogan «El 80% de un grupo de edad para aprobar el bachillerato». Fundado en 1972 por un diplomado de una importante escuela de comercio, este grupo de medios de comunicación empezó siendo una revista, a la que siguieron números especiales temáticos y guías que ofrecían información y consejos sobre orientación profesional. Adquirido posteriormente por grandes grupos, diversificó considerablemente sus actividades, añadiendo a su oferta impresa una serie de servicios web, así como ferias de enseñanza superior, un componente importante y muy rentable de su negocio.

El otro gran organizador de ferias, *Studyrama*, es un grupo de comunicación independiente creado en 1989 por dos antiguos alumnos de la Universidad Paris Dauphine. Desde sus inicios como revista gratuita, ha diversificado sus actividades publicando guías sobre orientación profesional, preparación de oposiciones y metodología laboral, además de ofrecer una serie de servicios gratuitos en su página web. Cada una de estas dos agencias organiza más de cien ferias al año en toda Francia, de las cuales unas veinticinco se celebran en la región parisina.

Otros actores del mercado también se han volcado en este nicho en los últimos años, dirigiéndose sobre todo a los jóvenes y a los padres de las clases alta y media, parcialmente informados, pero a la búsqueda de nuevas oportunidades. Es el caso de *Le Monde*, que organiza una feria anual en París sobre las grandes escuelas y un evento, «O21/S'orienter au 21 siècle» [Orientarse en el siglo XXI] en cinco grandes ciudades, y *Le Figaro*, que lanzó ferias en París y Lyon en 2015. Otra agencia, *Digischool*, también organiza desde eventos más pequeños, ofreciendo un programa personalizado. Este servicio personalizado también se ofrece en las ferias «Jeunes d'Avenir» [Jóvenes del Futuro] organizadas desde 2013 en París, Lille y Marsella por Agence éducation et formation [Agencia educación y formación] (AEF), un grupo de medios digitales fundado en 1998 que proporciona información actualizada, especialmente en los ámbitos de la educación, la formación y la investigación, a los responsables de la toma de decisiones. La AEF también coorganiza el Salón Post-Bac [Post-bachillerato] con la agencia pública Onisep. Este salón «oficial», creado en 2010, se basa en una asociación público-privada poco promovida por el sector público[34].

Aunque la Onisep forma parte del panorama institucional desde su creación en 1970, no organiza ferias, sino que se contenta con ser socio o patrocinador. Esto se debe al modelo de negocio de las ferias, que se basa no sólo en la venta de datos de contacto de los visitantes, sino también en la venta de espacios de exposición (stands) y de espacios para ponencias (conferencias) a las instituciones que deseen participar. Aunque las instituciones públicas de enseñanza superior son fuertemente alentadas por sus órganos de tutela a participar una vez al año en el Salón Post-Bac o, fuera de la región de Île-de-France[35], en algunas grandes ferias regionales patrocinadas por organismos públicos, no desean tener una gran presencia en otras ferias porque su financiación no depende estrictamente del número de estudiantes que forman. Además, a menudo atraen a más solicitantes de los que pueden acoger y se basan principalmente en su reputación y sus redes institucionales para ser elegidos por quienes les interesan. A ello se añaden las reservas ideológicas frente a los agentes del mercado y sus herramientas. Todos estos factores contribuyen también a que, cuando estos establecimientos participan en salones privados, ocupen una posición marginal por su escaso número, la ubicación y el tamaño de sus stands, su decoración poco atractiva y la actitud retraída de sus organizadores.

---

[34] No se dispone de estadísticas sobre el volumen global de visitantes a las ferias. Las ferias generales de París tienen mucho éxito (300.000 visitantes al Salón Europeo de la Educación en noviembre de 2017, que de hecho incluye varias ferias; 90.000 jóvenes al Salón del Estudiante en marzo de 2018). Otras son más confidenciales: 4.500 visitantes a la feria de vuelta al cole Studyrama en septiembre de 2018.

[35] Île de France es la región metropolitana de París.

110

Por otra parte, los objetivos y la lógica de los centros privados de enseñanza superior, sobre todo los de reciente creación y con ánimo de lucro, coinciden perfectamente con los de los organizadores de ferias privadas. En la actualidad, cerca de 450.000 estudiantes matriculados en centros privados, lo que representa el 19% del total de estudiantes de enseñanza superior. Este sector en rápido crecimiento –que a principios de la década de 2000 sólo matriculaba al 7% de los estudiantes– representa ahora el 80% del crecimiento de la enseñanza superior. Comprende diversos tipos de instituciones, incluidas las entidades propiedad de empresas comerciales, que es la categoría de más rápido crecimiento, aunque algunas instituciones sin ánimo de lucro también se están pasando al modelo lucrativo (Casta, 2015). Esta tendencia está impulsada por los fondos de inversión, que consideran que el sector es rentable a corto plazo, aunque algunos grupos desean mantener una estructura accionarial exclusivamente familiar.

Estos centros están dispuestos a dedicar una parte muy importante de su presupuesto a promocionarse, tanto porque su supervivencia y desarrollo dependen del número de alumnos como porque, al ser los últimos en incorporarse al campo de la educación superior, se enfrentan a una dura competencia, sin poder apoyarse en su reputación o sus redes para atraer a nuevos clientes. Por eso no es de extrañar que estén muy sobrerrepresentadas en estas ferias: en 2016-2017, de los 159 cursos ofertados en las ferias organizadas por *L'Étudiant* y *Studyrama* en la región parisina[36], 110, es decir, más de dos tercios, procedían de instituciones privadas. Este porcentaje es aún más elevado en los salones más recientes, más exclusivos desde el punto de vista social. En la organizada por *Le Figaro* en París en octubre de 2018, solo había nueve establecimientos privados entre los 122 presentes y en los de Digischool (cf. Foto Póster de las escuelas presentes en la «feria APB», París, 25 de febrero de 2017)[37], solo hay

---

[36] Un breve análisis de la presentación en Internet de las ferias fuera de la región parisina, organizadas por los medios de comunicación mencionados, muestra que éstas incluyen más universidades y otros establecimientos públicos.

[37] En la feria *APB by Digischool*, celebrada el 25 de febrero de 2017 en París, estuvieron representadas 22 escuelas privadas de enseñanza superior. Cabe señalar que ningún centro de enseñanza superior público estuvo presente en esta feria, que se organizó en cuatro áreas profesionales del sector privado.

instituciones privadas, principalmente pertenecientes al grupo Ionis[38]. Su predominio por sí solo es un poderoso vector para encauzar en su dirección la futura elección de estudios de los jóvenes visitantes. A ello se añade el uso que hacen de mensajes que invitan a desprenderse de filiaciones y juicios pasados y a proyectarse en un futuro lleno de promesas, que es el sello distintivo del capitalismo. sistema económico se basa, entre otras cosas, en la capacidad de captar consumidores en un doble proceso de ruptura con las tradiciones y raíces locales, por un lado, y de avance hacia un futuro diferente y «mejor» mediante la ampliación de la oferta, el aumento de los beneficios y la experimentación de nuevos estilos de vida, por otro (Beckert, op. cit.; Galluzzo, op. cit.).

---

[38] El grupo Ionis es el primer grupo privado de enseñanza superior en Francia. Las escuelas del grupo cubren una amplia gama de campos profesionales: negocios, ciencias de la ingeniería, informática, aeronáutica, energía, transporte, biotecnologías, gestión, finanzas, marketing, comunicación, web, artículos de lujo, moda, diseño y creación. Cuenta con 17 campus en Francia y en el extranjero, 80 establecimientos y 28.500 estudiantes.

2. Un futuro «encantado» utilizando diversas técnicas de encantamiento

Los discursos de encantamiento observados en las ferias adoptan tres formas. Algunos proyectan a los jóvenes visitantes hacia un futuro lejano en el que tendrán una «buena vida» con acceso a empleos a los que conducirán directamente los cursos de enseñanza superior que se ofrecen. Otras prometen una experiencia estudiantil «de ensueño» gracias a las oportunidades que ofrece la institución a la que se les atrae. Y otras apuntan al futuro inmediato, cuando ya hayan elegido su trayectoria profesional, y ayudan a persuadirles de que todo es posible siempre estén motivados.

Estos discursos, y los dispositivos utilizados para apoyarlos, se caracterizan por un fuerte tono expresivo. Han sido concebidos por los organizadores y las instituciones para influir en los visitantes, considerados impresionables e inexpertos por su edad, pero también, para muchos, por su falta de familiaridad con el mundo de la enseñanza superior.

2.1. La promesa de una integración satisfactoria y una gran vida laboral

Uno de los principales objetivos de los organizadores y presentadores de la feria es responder a la ansiedad de los estudiantes sobre su futuro, que se sabe que es especialmente aguda en Francia debido al desajuste entre los mecanismos que rigen la orientación de los estudios y la integración profesional (Charles, 2013). Tanto en las conferencias como en los stands, se hizo mucho hincapié en la capacidad de las instituciones privadas presentes para garantizar a sus titulados una transición fluida al mercado laboral, en contraste con la integración «obstaculizada» de los titulados universitarios (Delès, 2018). Para respaldar sus argumentos, los responsables de estos establecimientos destacan su cantera de profesionales, que ofrecen cursos adaptados a las necesidades de las empresas, familiarizan a los jóvenes con los «códigos» vigentes en esas empresas y les aportan el beneficio de sus redes en el mundo laboral. Estos directivos también asocian la calidad de los aprendizajes a su capacidad de ser utilizados inmediatamente en el lugar de trabajo y de mantenerse al corriente de los cambios que allí se producen. Asimismo, insisten repetidamente en la posibilidad de realizar un gran número de prácticas y de optar por cursos en alternancia para poner de relieve la empleabilidad de sus alumnos, pero también para tranquilizar a los jóvenes y a sus padres sobre la posibilidad de sufragar el coste de sus estudios.

También se hace hincapié en facilitar el acceso a profesiones y oficios «de futuro» que corresponden a los nichos en los que se han posicionado muchas de las nuevas escuelas privadas de posbachillerato, es decir, digital y robótica, medio ambiente, diseño y gestión. La preparación en estas escuelas también permite a los estudiantes adquirir el «*espíritu emprendedor*» (Tanguy, 2017) necesario en estos campos «*emergentes*» y, más en general, en las nuevas empresas capitalistas (Boltanski y Chiapello, 1999), gracias a un enfoque pedagógico «*innovador*» que hace hincapié en el trabajo en equipo en proyectos, «*lejos de los libros*», y en la adquisición de actitudes y habilidades de comportamiento (*soft skills*), como la creatividad, la autonomía y la flexibilidad (Chambard, 2020).

Para persuadir a los visitantes, los anfitriones de los stands utilizan una mezcla de dispositivos impersonales y personales (van Zanten y Legavre, 2014). Los representantes institucionales adoptan una perspectiva predominantemente instrumental. Utilizando folletos y diversos documentos, recitan cifras sobre sus tasas de integración, en particular de los padres, y señalan sus numerosas oportunidades de empleo y asociaciones con empresas. La dimensión expresiva, presente visualmente en las fotos del stand y en los folletos que muestran a hombres y mujeres bien vestidos y solidarios en entornos de trabajo atractivos, se delega en gran medida, en términos discursivos, a los «embajadores de los estudiantes». Estos últimos utilizan un registro instrumental de manera más directa e informal con los jóvenes visitantes: «*Cuando salgas, tendrás un sueldo muy bueno para tu edad y en comparación con alguien que ha ido a la universidad*» (observaciones de un estudiante representante de la Escuela de

114

altos estudios comerciales (EDHEC) *Business school* un joven estudiante de bachillerato interesado en el Bachelor post-bac de cuatro años; Salon *Le Figaro*, octubre de 2018). Sin embargo, su principal tarea es «encantarles» motivándoles y haciéndoles sentir bien: «Los profesores son geniales. Nos inspiran y hacen que nos encante hacen. Son profesionales, así las lecciones son más concretas, hablan más, hacen que quieras aprender» (ídem).

2.2. Una experiencia estudiantil «de ensueño»

La presentación en conferencias y stands del futuro de la enseñanza superior para los jóvenes hace poco hincapié en las exigencias intelectuales de los cursos que se ofrecen y mucho más en otros aspectos de experiencia estudiantil. Si bien no todas las escuelas, como Kedge, pueden destacar en sus folletos un marco «de ensueño» en el corazón del parque natural de las calanques marsellesas, muchas sí ensalzan los méritos de su entorno urbano o de sus campus. Los representantes institucionales de las escuelas presentes también insistieron mucho en la calidad acompañamiento individual y la diversidad de los itinerarios propuestos a los estudiantes. Estas características les permitirían respetar y desarrollar su singularidad, lejos universo anómico y del tratamiento de masas con que a menudo se considera a las universidades.

También se destaca la internacionalización de los cursos. Los dos grupos mediáticos dominantes en el sector organizan ferias enteras dedicadas a «Estudiar en el extranjero» (*L'Etudiant*) o «Formación internacional» (*Studyrama*). Los organizadores más pequeños y recientes también dan un lugar destacado en sus ferias a los establecimientos extranjeros o con vocación internacional. Muchas instituciones utilizan también planisferios en sus folletos y carteles para destacar sus asociaciones con instituciones extranjeras. La concesión de títulos de *Master of Business Administration* (MBA) y, en el caso de las escuelas más prestigiosas, la oferta de diversos programas de doble titulación totalmente en inglés son tácticas utilizadas por muchas instituciones para movilizar el prestigio de determinadas instituciones y titulaciones extranjeras con el fin de mejorar su estatus por asociación (Podolny, 2005).

La internacionalización de los cursos se promueve entre los estudiantes, haciendo hincapié en los beneficios que puede reportarles tanto desde el punto de vista instrumental como expresivo. Desde el punto de vista instrumental, a menudo se asocia a la profesionalización. Es el caso, en particular, de los nuevos títulos de Bachelor[39], inspirados en sus homólogos anglosajones y otorgados por un número creciente de escuelas, en particular las especializadas en gestión. También es el caso de las «dobles titulaciones», que supuestamente abren las puertas a carreras «internacionales» de éxito. Sin embargo, no se olvidan las dimensiones expresivas de la internacionalidad. Al igual que fines de semana de integración y las diversas salidas y eventos, las estancias en el extranjero se presentan a la vez como oportunidades para construir un capital social internacional y como componentes un estilo de vida estudiantil «extrovertido», antítesis del ascetismo, la soledad y el aburrimiento asociados, en los salones, a los estudios universitarios.

Como era de esperar, una vez más son los «estudiantes embajadores» quienes transmiten estas dimensiones expresivas a través de relatos experiencias concebidas para desencadenar un proceso de identificación en los jóvenes visitantes. A estos estudiantes rara vez se les paga y reciben poca o ninguna formación. A la mayoría sólo se les dan unas pocas instrucciones, y su papel consiste en compartir un punto de vista personal. Su retórica consiste en alternar breves discursos «serios» sobre oferta de la escuela, a veces aprendidos de memoria, con relatos personales más profundos y más o menos improvisados, jugando con el registro de la proximidad generacional.

2.3. Todo es posible, si te lo propones

El principal objetivo de los representantes de los centros de enseñanza presentes en las ferias es convencer a los visitantes de las cualidades de su oferta

---

[39] El Bachelor es un título de nivel Bac+3, generalmente otorgado fuera del sistema universitario por centros privados de enseñanza superior. Actualmente no está reconocido por el Ministerio de Enseñanza Superior, Investigación e Innovación.

educativa, aunque a menudo se les pida que den detalles más genéricos sobre las carreras, los cursos que se ofrecen o el funcionamiento de colocación nacionales. En cambio, son los grupos de medios de comunicación organizadores los que, concibiendo las ferias como una prolongación de su información, asesoramiento y orientación profesional en modo "evento", son portadores de una visión global relativa al futuro muy próximo de los jóvenes, el de sus elecciones profesionales. Esta visión se refleja en la elección de los temas de las conferencias y en los discursos de sus moderadores, pero también se inscribe perfectamente en las visiones más específicas de las instituciones ya que los organizadores proponen también, de diferente, el leitmotiv de un futuro feliz en la enseñanza superior.

Al igual que los profesionales de la educación, utilizan la noción de «proyecto de orientación», pero difieren mucho de ella en cuanto al registro. Mientras que el discurso oficial y el de los profesores se dirigen a los usuarios, que deben elaborar planes racionales sopesando sus posibilidades de admisión y de éxito en función de sus trayectorias profesionales, sus notas y las exigencias de las distintas ramas y centros, animándolos a adoptar un pesimismo «realista» (Frouillou et al., op. cit.), los profesionales de las ferias insisten, por el contrario, en que todo, o casi todo, es posible. Invitan a los jóvenes a tomar sus propias decisiones, teniendo en cuenta sobre todo su personalidad y sus deseos. En algunas conferencias de L'Etudiant, por ejemplo, un psicólogo presenta el llamado modelo «RIASEC», creado por el psicólogo John Holland, que distingue seis tipos de personalidad (Realista, Investigadora, Artística, Social, Emprendedora, Convencional) asociados a distintos tipos de orientación profesional. No obstante, esta recontextualización expresiva de las opciones va un mandato moral: las limitaciones pueden superarse, pero con fuerza de voluntad y determinación (Oller, 2020).

Los títulos de las conferencias, sobre todo en las ferias L'Etudiant, que parecen valorar más la incertidumbre que *Studyrama* o *Digischool*, sin duda porque se dirigen a un público socialmente más heterogéneo, están explícitamente concebidos para contrarrestar la idea fundada, no obstante, de un estrecho vínculo entre la enseñanza secundaria y la superior (Convert, op. cit.). Sus responsables insisten a menudo en que «a los 17-18 años, ¡es perfectamente normal no saber qué hacer!» y presentan la prueba y el error como una actividad a la vez lúdica y plenamente legítima, que permite a la personalidad emerger y afirmarse. Este doble énfasis incertidumbre y exploración de distintas vías permite a estos mismos organizadores ofrecer a los visitantes de las ferias, y en sus tests, guías y servicios de coaching escolar (Oller, op. cit.).

Espace coaching orientation de *l'Etudiant*, feria europea de educación. París, 19 de noviembre de 2016. Fotos: Anne-Claudine Oller.

Estos comentarios sobre los usuarios son coherentes con otros sobre el sistema y las instituciones, que destacan dos temas: la posibilidad de que los estudiantes utilicen los numerosos puentes que existen entre los distintos niveles y tipos de formación para evitar encontrarse en un callejón sin salida, y «rebotar»; la importancia que las instituciones dan a la motivación más que a su «nivel». Uno de los representantes del grupo Ionis, presente en todos los salones profesionales organizados en la región de Île de France en 2018, introdujo una conferencia diciendo: «*En nuestras escuelas, se hace mucho hincapié en la motivación y la experiencia, pero no en las notas. Sabemos que hay que buscar la personalidad del alumno. No nos importa si sacas 18/20, y sobre todo si no sacas 18/20, es porque no te interesa lo que estás haciendo. Sabemos que la motivación es el factor número uno del éxito del alumno*» (Conferencia del Grupo Ionis «*¿Qué hacer cuando no sé qué hacer?*», Salón de la orientación, *Le Figaro*, octubre de 2018).

3. Recepción socialmente diferenciada de discursos y sistemas

¿Qué influencia ejercen estos discursos y dispositivos en los visitantes? Es imposible evaluar su influencia precisa, pero sí es posible analizar la forma en son recibidos e interactúan con sus objetivos, representaciones y valores, así con sus recursos. El análisis de las respuestas a los cuestionarios y de las observaciones realizadas en las ferias de enseñanza superior pone de manifiesto dos formas de asimilación socialmente contrastadas: mientras que las actitudes y los recursos culturales de los jóvenes y de los progenitores de los medios populares los hacen muy permeables a la retórica y a las disposiciones comerciales, los de las clases altas muestran más escepticismo hacia ellos e invierten en salones de manera estratégica[40].

3.1. La recepción de mensajes comerciales varía según la clase social

Los jóvenes de clase trabajadora son los más propensos (47%) a acudir a las ferias con amigos, con sus mejores novias o novios en el caso de las chicas, y en grupo en el caso de los chicos (Mohammed, 2011). Este tipo de asistencia fomenta el uso lúdico y recreativo del entorno. Se les oye exclamar en los pasillos de las gradas: «¡*Venga, vamos a ese puesto, que podemos ganar palomitas de maíz!*» o se les ve apresurarse a probar las gafas de realidad aumentada en los stands de las escuelas de videojuegos o en los puestos de publicidad de

---

[40] Por limitaciones de espacio, no analizamos aquí la recepción de las ferias por parte de los jóvenes y padres de clase media, lo que pone de relieve su posición «intermedia» en el ámbito social.

teléfonos móviles o bebidas. Tampoco es raro verlos cerca de estos stands animándose unos a otros a jugar a los retos que se ofrecen para ganar premios, o enumerando los *goodies*[41] y folletos que han recogido durante su visita.

Recuadro 2. Extracto de la observación - Salón del Estudiante - 10.03.2017

Seguimos a un pequeño grupo de chicas de secundaria, cuya *hexis*[42] corporal, lenguaje y comportamiento dan testimonio de su pertenencia a las clases trabajadoras. Deambulan «con la nariz al viento», dejándose seducir por lo que ofrecen los stands, más que por el contenido de los cursos de formación impartidos. Este es en particular el caso del stand de una escuela de terapia ocupacional que organizó una pequeña carrera de obstáculos, compuesta por diferentes materiales sensoriales, para recorrer con los ojos vendados. Si para los responsables el objetivo explícito del juego es hacer que los jóvenes tomen conciencia de las diferentes sensaciones que sienten y así poder explicarles en qué consiste el trabajo del terapeuta ocupacional, el de estos jóvenes es hacer Algo «divertido», los intercambios con los «estudiantes embajadores» de la escuela también se vieron interrumpidos por la insistencia de algunos de irse rápidamente a otro lugar. Más adelante, las mismas jóvenes se muestran eufóricas ante la idea de poder peinarse y maquillarse gratuitamente en un stand de una escuela de peluquería y maquillaje.

En este caso, se observa la intersección de dos dimensiones que refuerzan la sensibilidad de estos jóvenes ante el discurso y los sistemas comerciales: la forma en que visitan las ferias, caracterizada por apropiación lúdica de las experiencias que se ofrecen, y la influencia de su círculo de amigos, que incluye a compañeros de colegio del mismo entorno, pero a veces también a jóvenes

---

[41] La palabra «*goodies*», derivada de «*good*», hace referencia a pequeños artilugios publicitarios que se distribuyen en las ferias para atraer y fidelizar a los clientes. Los centros privados de enseñanza superior los utilizan con este fin en las ferias estudiadas.
[42] *Hexis* sería una traducción griega del latín *habitus*, ya comentado.

que han abandonado los estudios y tienen empleos precarios o desempleados. Combinados con su escasa capacidad para distinguir entre lo que es verdad y lo que es mentira en los discursos de los presentadores de stands y conferencias, estos factores no favorecen la elaboración de planes de estudios superiores adecuados a sus perfiles y deseos. Por otro lado, hacen que estos jóvenes sean muy receptivos a los discursos y a las técnicas de gestión de impresiones (Goffman, 1973) utilizadas en las ferias[43].

El carácter lúdico de las ferias y influencia de los amigos son tanto mayores cuanto que pocos jóvenes de medios populares (17%) las visitan con sus padres. En cambio, los padres, poco representados entre los visitantes, acuden la mayoría de las veces (85%) con sus hijos. Estos padres no siempre conocen la existencia de las ferias profesionales. Si bien podemos suponer que quienes visitan estas ferias tienen grandes aspiraciones para sus hijos, el hecho de que acudan en su inmensa mayoría con sus hijos también refleja consideran que los jóvenes conocen este mundo mejor que ellos y pueden guiarles a través de él, siendo su papel más bien el de proporcionarles apoyo moral durante una transición difícil.

Estos padres, al igual que sus hijos, también acuden a de carreras profesionales cuando se encuentran entre la espada y la pared, decir, cuando se acerca el final del plazo para formular deseos en la plataforma digital o durante asignación complementaria (van Zanten et al., 2019). Esta falta anticipación, al desaprovechamiento posterior de la visita a la exposición, refleja tanto el miedo que tienen estos adultos y jóvenes a embarcarse en el mundo de la educación superior como su dificultad para hacer un uso estratégico de la información y el asesoramiento. Estas actitudes están estrechamente vinculadas a su posición, pero también a los centros a los que acuden los estudiantes de secundaria de clase trabajadora, en los que se anticipa poco el paso a la enseñanza superior y

---

[43] Según E. Goffman (1973), en una interacción, «el actor debe actuar de tal forma que dé, intencionadamente o no, una expresión de sí mismo, y los demás, a su vez, deben obtener una impresión...». (p. 12). Así pues, el actor puede influir en la definición de situación de intercambio e imponer a sus interlocutores una representación de sí mismo o de un aspecto de la realidad que les lleve a actuar por voluntad propia de acuerdo con su propio designio.

en los que los deseos de los jóvenes se tratan de forma genérica (Olivier et al., op. cit.).

La motivación de los padres de la clase trabajadora para ayudar a sus hijos a tener éxito en sus estudios y en su integración en el mundo laboral es muy real, como demuestra el hecho de que, in situ, sean los más propensos a hablar con los organizadores de los stands «carreras», que, en su opinión, proporcionan una información más concreta y comprensible que los de los stands de formación. También son los más propensos a expresar explícitamente su satisfacción, durante las conversaciones con los organizadores, por descubrir nuevas carreras, ramas y cursos gracias a sus visitas a las ferias. En cambio, estos padres son los que menos a los stands de formación, donde la naturaleza de los servicios ofrecidos –de pago fuera de las ferias– no les parece ni muy clara ni muy útil (Oller, op. cit.). Aunque son menos conscientes que sus hijos de la oferta lúdica de las ferias, más información de su visita que ellos.

Sin embargo, como demuestran sus respuestas al cuestionario y comentarios que escuchamos durante nuestras observaciones en las ferias, su falta de conocimientos limita su capacidad para utilizarlos estratégicamente y también les hace susceptibles a los mensajes transmitidos por las técnicas de marketing.

3.2. Uso instrumental de las ferias

En cambio, muchos jóvenes de las clases altas visitan los acompañados por al menos uno de sus padres (44%), y mucho menos con uno o varios amigos (). Sin embargo, una cuarta parte de los padres de las clases altas acuden sin su hijo. Estas visitas también se realizan a una edad temprana: de los alumnos «precoces» que acuden a una feria profesional como alumnos de secundaria o en el curso previo, el 59% tienen padres de clase alta o de la franja alta de la clase media. Esta anticipación estratégica es paralela a la de las escuelas a las que más acuden sus hijos, que también les ofrecen más información y asesoramiento personalizado que las escuelas de clase trabajadora.

Esto puede explicarse por el hecho de que la prosecución de estudios superiores es algo natural en estas familias de alto nivel educativo, en las que muy pocos hijos tienen resultados académicos que sugieran que van a suspender el bachillerato. También refleja el hecho de que tanto los padres como los hijos son muy conscientes de la importancia de lograr la mejor adecuación posible entre sus gustos y capacidades, por un lado, y la oferta educativa, por otro (van Zanten, 2013).

Por esta segunda razón, la asistencia precoz a las ferias no debe asociarse, entre los miembros de este grupo social, a una gran apreciación de este dispositivo. Es sólo una , no siempre utilizada, sobre todo por las familias mejor informadas, y se utiliza principalmente para hacer una primera selección afinar más las opciones. Este proceso de decantación incluye intercambios dentro de las redes familiares y de amistades y con profesores y otros profesionales de la educación, incluidos, en algunos casos, preparadores privados (Oller, op. cit.). También incluye la consulta tablas de clasificación y sitios web y la asistencia selectiva a jornadas de puertas abiertas que, para las clases altas, son mucho más apropiadas que las ferias para la toma de decisiones que incorporan elementos objetivos y la percepción subjetiva de sentirse cómodo o no en determinados entornos (Reay et al., op. cit.; van Zanten y Oliver, 2016).

Estos progenitores, la mayoría de los cuales pertenecen a las clases económicas altas, aprecian más el modelo «escolar» que el modelo «cultural», debido a su origen y a su relación más instrumental con el conocimiento (van Zanten, 2009)[44], incluso si podemos suponer que los más acomodados y ambiciosos sólo van a centros superiores que incluyen exclusivamente grandes escuelas.

---

[44] Siguiendo los pasos de P. Bourdieu (1979), distinguimos aquí entre una fracción económica y una fracción cultural en el seno de las clases altas en función del volumen y el tipo de capital que poseen sus miembros. Más concretamente, para tener en cuenta el alto nivel de formación que caracteriza a los miembros del polo económico de las clases altas en Francia, pero también el hecho de que estos últimos, en virtud de su tipo de formación superior (más bien en el sistema de escuelas, grandes o pequeñas) y de sus profesiones, tienen una relación más instrumental con el conocimiento que los miembros de las fracciones culturales, nos referimos al tipo ideal de «tecnócratas» por oposición al de «intelectuales», desarrollado en Choisir son école (van Zanten, 2009).

Los padres de clase alta que acompañan a sus hijos a las ferias también lo hacen para influir indirectamente en las elecciones de sus hijos o hijas. No pueden, en el marco de un modelo social que valora la autonomía de los jóvenes, de imponerles opciones directamente, utilizan este arreglo como otro medio de «*rodear*» a sus participantes (van Zanten, ibid.). También aprecian, más que los padres del centro, la posibilidad de delegar en un tercero el despliegue de estrategias persuasivas a favor de una opción concreta, en lugar de hacerlo ellos mismos, y también entablar debates más «equipados» con ellos.

Llevar a toda la familia al salón también es importante para enseñar a los niños a descifrar los discursos tentadores y a veces engañosos de las instituciones menos prestigiosas, y a acercarse con escepticismo a la retórica entusiasta y expresiva de los jóvenes «embajadores». Mientras que los jóvenes de clase alta son los que más hablan con los organizadores de los stands (64% frente al 46% de los jóvenes de clase trabajadora), sus padres son los que menos hablan con ellos y suelen ser muy críticos con sus estrategias de prospección.

Así que no es de extrañar que los documentos recogidos en los stands estén orientados de manera que puedan servir para anticiparse y desarrollar estrategias de cara a futuras elecciones: «*Así que ahora nos vamos a ir a casa, vamos a hacer balance con nuestra hija, vamos a hacer fichas y tablas para comparar y resumir toda la información que hemos tenido, los accesos, las oposiciones, etc. ¡Porque si hay oposiciones, no puedes esperar!*» (Feria APB, enero 2017, padres en estudios superiores, hija en último curso de economía y sociales). Este uso de la información, reflexivo e instrumental, requiere unas capacidades de discriminación cognitiva y de resistencia a las influencias externas socialmente distribuidos de manera desigual. Permite a estos padres distanciarse un poco de las técnicas de seducción y captación utilizadas por las escuelas (véase el tablón de anuncios de la escuela de negocios IBS París[45], especializada en medios de comunicación, Salon de *l'Etudiant*, París 10 de marzo de 2017) y deconstruir los mensajes comerciales destinados a hacer que ofertas muy similares parezcan muy diferentes entre sí (Cochoy, 2002).

Conclusión

La delegación de una parte del trabajo que supone ayudar a los jóvenes a encontrar su camino en la enseñanza superior a los organizadores y participantes de las ferias, aunque implícita, va acompañada de un patrocinio simbólico y, a veces, de una ayuda financiera del Estado. De este modo, anima a los profesionales de la educación a recurrir a las ferias y les confiere un estatus que incita a los jóvenes y a sus padres a confiar en la información y los consejos

---

[45] La escuela de negocios IBS de París pertenece al grupo «Diderot Education», que se considera a sí mismo como uno «*de los principales grupos de enseñanza privada en Francia*», con once establecimientos que ofrecen una enseñanza tant secundaria (del curso 6 al terminal), así como superior (del bac + 1 hasta el bac + 5) en quince campus en Francia y uno en Suiza, y «*destaca por la forma en que apoya a los jóvenes mediante una enseñanza basada en proyectos y por los valores que defiende*» (https://diderot-education.com/, consultado el 29.06.2021).

que reciben. Sin embargo, las ferias están (co)organizadas por grupos de medios de comunicación privados y, al menos en la región de Île de France, están frecuentadas principalmente por escuelas públicas. Estos actores utilizan un discurso y unas herramientas de marketing que no son neutrales: pretenden atraer a los visitantes hacia cursos y servicios que en su mayoría son de pago, desviándolos de la oferta pública barata que ofrece cualificaciones reconocidas por el Estado.

Es cierto que, como ocurre con todos estos sistemas, no todos los usuarios los utilizan de la misma. Llevados de la mano por sus padres, los jóvenes de las clases altas hacen un uso crítico e instrumental, en particular para empezar a reflexionar sobre la elección de sus estudios. Por otra parte, la falta de familiaridad con la enseñanza superior, la dificultad para descifrar los mensajes publicitarios y la sensación de muchos jóvenes de clase obrera y media-baja de que reciben poco apoyo para elaborar sus planes de estudio y sólo mensajes negativos de sus profesores y de la plataforma Parcoursup (Frouillou et al., op. cit.), les hacen muy susceptibles a la influencia de estos agentes comerciales.

Es cierto que las ferias tienen una influencia menos decisiva que la familia y escuela en la decisión de los jóvenes de cursar estudios superiores, y probablemente menos que la plataforma de gestión de solicitudes que la gran mayoría de ellos. Sin embargo, merecen nuestra atención por dos razones. Por un lado, su desarrollo es una prueba evidente de las formas específicas que adopta en la ampliación del campo intervención del sector comercial, es decir, una delegación pragmática por parte del Estado –y en el sector educativo, una delegación en gran medida oculta– de grandes ámbitos de intervención sin ninguna justificación ideológica (Fourcade-Gourinchas y Babb, 2002; van Zanten, 2019). Por otra parte, es probable que las estrategias aplicadas por quienes participan en las ferias amplíen las desigualdades entre los jóvenes a través de mecanismos que son muy distintos de los actúan en las instituciones educativas, pero sus efectos se redoblan.

Bibliografía

Bateson J. (1972), *Steps to an Ecology of Mind*. New York, Ballantine.

Beckert J. (2016), *Imagined Futures. Fictional Expectations and Capitalist Dynamics*, Cambridge, MA, Harvard University Press

Boltanski C., Chiapello E. (1999), *Le nouvel esprit du capitalisme*, Paris, Gallimard.

Callon M., Millo Y., Muniesa F. (eds), (2007), *Market devices,* Oxford, Blackwell.

Casta A. (2015), « L'enseignement supérieur à but lucratif en France à l'aune des porosités public/privé : un état des lieux », *Formation Emploi*, 132(4), pp. 71-90.

Chambard O. (2020), *Business Model. L'Université, nouveau laboratoire de l'idéologie entrepreneuriale*, Paris, La Découverte.

Charles N. (2013), *Enseignement supérieur et justice sociale. Sociologie des expériences étudiantes en Europe*, Paris, La Documentation française.

Cochoy F. (1999), *Une histoire du marketing. Discipliner l'économie de marché*, Paris, La Découverte.

Cochoy F. (2002), *Une sociologie du packaging ou l'âne de Buridan face au marché*, Paris, PUF.

Convert B. (2003), « Des hiérarchies maintenues. Espace des disciplines, morphologie de l'offre scolaire et choix d'orientation en France, 1987-2001 », *Actes de la recherche en sciences sociales*, n° 149, pp. 61-73.

Delès R. (2018), *Quand on n'a « que » le diplôme... Les jeunes diplômés et l'insertion professionnelle*, Paris, PUF.

Divert N. (2015), « L'antagonisme de la figure de l'étranger dans les formations de la mode », *Hommes & Migrations*, vol. 1310, n° 2, pp. 61-69.

Dubuisson-Quellier S. (2016), « Le gouvernement des conduites comme modalité d'intervention de l'Etat sur les marchés » *in* Dubuisson-Quellier S. (ed.), *Gouverner les conduites*, Paris, Presses de Sciences Po, pp. 15-58.

Foucault M. (1975), *Surveiller et punir. Naissance de la prison*, Paris, Gallimard.

Frouillou L., Pin C., van Zanten A. (2020), « Les plateformes APB et Parcoursup au service de l'égalité des chances ? L'évolution des procédures et des normes d'accès à l'enseignement supérieur en France », *L'Année Sociologique*, vol. 70, n° 2, pp. 337-363.

Fourcade-Gourinchas M., Babb S. L. (2002), "The Rebirth of the Liberal Creed: Paths to Neoliberalism in Four Countries", *American Journal of Sociology*, n°108, pp. 533-579.

Galluzzo A. (2020), *La fabrique du consommateur. Une histoire de la société marchande*, Paris, Zones.

Goffman E. (1973), *La mise en scène de la vie quotidienne. 1. La présentation de soi*, Paris, Ed. de Minuit.

Goffman E. (1974), *Frame Analysis. An Essay on the Organization of Experience*, Cambridge: Mass., Harvard University Press.

Karpik L. (2007), *L'économie des singularités*, Paris, Gallimard.

Lascoumes P., Le Galès P. (2004), *Gouverner par les instruments*, Paris, Presses de Sciences Po.

Lehner P. (2020), *Les conseillers d'orientation. Un métier impossible*, Paris, PUF.

Maillard F. (dir.) (2012), *Former, certifier, insérer. Effets et paradoxes de l'injonction à la professionnalisation des diplômes*, Rennes, PUR.

McFall L. (2014), "What have market devices got to do with public policy?" *in* Halpern Ch., Lascoumes P. & Le Galès P. (Eds.) *L'instrumentation de l'action publique*, Paris, Presses de Sciences Po.

Mohammed M. (2011), *La formation des bandes. Entre la famille, l'école et la rue*, Paris, PUF.

Musselin C., Paradeise C. (2002), « Le Concept de qualité : où en sommes-nous ?», *Sociologie du travail,* n° 44 (2), pp. 255-260.

Olivier A., Oller A.-C., van Zanten A. (2018), "Channelling students' into higher education in French secondary schools and the re-production of educational inequalities: Discourses and devices", *Etnografia e Ricerca Qualitativa*, n° 11-2, pp. 225-250.

Oller A.-C. (2020), *Le coaching scolaire, un marché de la réalisation de soi*, Paris, PUF.

Podolny J. (2005), *Status Signals: A Sociological Study of Market Competition,* Princeton, Princeton University Press.

Reay D., David M., Ball S. (2005), *Degrees of Choice. Social Class, Race and Gender in Higher Education*, London, Trentham Books.

Slack K., Mangan J., Hughes A., Davies, P. (2012), "'Hot', 'cold' and 'warm' information and higher education decision-making", *British Journal of Sociology of Education*, n °35-2, pp 1-20.

Tanguy L. (2017), «Une socialisation à l'esprit d'entreprise dans l'école en France», *Formation Emploi*, n° 140, pp. 147-164.

van Zanten A. (2009), «Le travail éducatif parental dans les classes moyennes et supérieures: deux modes contrastés d'encadrement des pratiques et des choix des enfants», *Informations sociales*, n° 154, pp. 80-87.

van Zanten A. (2013), "A good match: Appraising worth and estimating quality in school choice", in Beckert J., Musselin C. (eds.), *Constructing Quality. The Classification of Goods in the Economy,* Oxford, Oxford University Press, pp. 77-99.

van Zanten A. (2019), "Neo-liberal influences in a 'conservative' regime: the role of institutions, family strategies, and market devices in transition to higher education in France", *Comparative Education*, n° 55-3, pp. 347-366.

van Zanten A., Legavre A. (2014), "Engineering access to higher education through higher education fairs", *in* Goastellec G., Picard F. (eds.), *Higher Education in Societies: A Multi Scale Perspective*, Rotterdam and Boston, Sense Publishers, pp 183-203.

van Zanten A., Olivier A. (2016), « Les stratégies statutaires des établissements d'enseignement supérieur. Une étude des 'journées portes ouvertes'», *in* Draelants H., Dumay X., *Les écoles et leur réputation. L'identité des établissements en contexte de marché,* Bruxelles, De Boeck.

Barreras y retos para la implantación de la educación inclusiva en secundaria

LAURA GIL PELLUCH[46]

En la última edición del *Handbook of Special Education* (Kauffman et al., 2017) se dedica un capítulo a los debates actuales que existen entre los científicos del área de conocimiento que aborda el manual. Los autores del mismo sugieren que los debates o temas importantes sobre la educación de niños y adolescentes con necesidades específicas de apoyo educativo (NEAE) pueden considerarse tanto "actuales como perpetuos". Así, refieren que cuestiones como: ¿Quiénes son las personas con NEAE?, ¿Dónde deberían ser educados?, ¿Qué profesionales deberían educarles?, o ¿cómo deberían ser educados? son preguntas que han existido desde los orígenes de la educación especial y que, probablemente, siempre serán pertinentes, incluso si como hacemos en este artículo nos posicionamos a favor de los principios y los valores que sustentan el modelo inclusivo.

Nos atrevemos a afirmar que este debate es si cabe más intenso conforme el alumnado con NEAE asciende en etapas educativas. Así, las respuestas y actitudes ante estas preguntas son más diversas e incluso contrapuestas cuando se cuestiona la situación del alumnado de Educación Secundaria que

---

[46] Departamento de Psicología Evolutiva y de la Educación, Universitat de València.

cuando la discusión gira en torno al alumnado de etapas educativas precedentes. Por todos es sabido que, aunque el número de alumnos con NEAE que son incluidos en aulas ordinarias aumenta cada año, ello no siempre significa que se les asegure una experiencia educativa de alta calidad. Esto es, la aplicación con éxito de la Educación Inclusiva (EI) en las aulas de Secundaria sigue siendo limitada y se ha convertido en un reto para la mayoría de países. Como prueba de ello, los datos de los informes PISA (OCDE, 2022) nos alertan de que un alto porcentaje de jóvenes terminan su educación sin tener aptitudes significativas, otros son dirigidos hacia distintos tipos de alternativas que les privan de la experiencia de una educación formal, y otros sencillamente deciden abandonar la Educación Secundaria.

En la misma línea, no cabe duda de que, actualmente, el profesorado de Secundaria no lo tiene fácil para llevar la teoría de la EI a las aulas, al encontrarse con poca práctica transferible para guiar sus pasos y, a menudo, con pocos recursos de la administración para afrontar el desafío que supone educar en aulas con alumnado cada vez más diverso. En este contexto, la formación inicial y continua de los profesores y las profesoras en competencias inclusivas y el desarrollo de prácticas educativas inclusivas basadas es la evidencia han sido identificadas como palancas y puntos de apoyo fuertes para el cambio real hacia la EI (UNESCO, 2021; Van Mieghem, 2020).

Con la intención de alcanzar una visión crítica sobre el estado de la EI en la etapa Educación Secundaria y aportar nuestro granito de arena al empuje de estas "palancas" hemos organizado este artículo en dos secciones. La primera de ellas se centra en la delimitación conceptual del área y el consecuente análisis de la revisión de diversas evidencias científicas que nos orientan sobre las barreras que encuentra la implantación de la EI en los centros educativos a nivel internacional y en España en particular. La segunda, a la revisión de las nuevas perspectivas internacionales en la formación de docentes de la EI del siglo XXI, ahondando en el perfil de competencias y las actitudes y valores que caracteriza al profesorado inclusivo.

Situación actual de la educación inclusiva en secundaria

Una revisión de la literatura sobre el concepto de inclusión educativa (p.ej. Ainscow, 2020) permite apreciar que los significados que puede adquirir el concepto son muy diversos y que, asimismo, la ausencia de consenso en la definición reporta consecuencias muy diversas en su aplicación práctica, como son las notables diferencias en las políticas educativas que emprende cada país para promoverla, diferencias en la interpretación de resultados científicos sobre sus efecto en el desarrollo y el aprendizaje del alumnado, discrepancias en los planes de estudio diseñados para formar al profesorado o contrastes en las concepciones y creencias del profesorado sobre la EI. Ainscow atribuye la confusión en torno al uso del concepto de inclusión a razones variadas que en gran parte tienen que ver con la estrecha relación que históricamente ha existido entre la EI y la educación especial y con los distintos movimientos que han procurado que todo el alumnado, con independencia de sus características personales, pueda ser atendido en la escuela ordinaria.

De acuerdo con Ainscow (2020), las concepciones más reduccionistas y ancladas en el periodo de la integración han equiparado la EI a la preocupación por los estudiantes con discapacidad y/o aquellos grupos vulnerables de exclusión curricular por causas sociales (pobreza, inmigración, etnicidad, identidad sexual, etc). Estas concepciones han conllevado la ausencia de cambios significativos en la organización de los centros, el currículo o las estrategias de enseñanza y aprendizaje, tomando en muchas ocasiones la forma de "aulas especiales" ubicadas en centros ordinarios o de "centros-refugio" de determinados colectivos procedentes de familias desfavorecidas. Sin embargo, otras posturas más amplias han insistido en que la EI debe entenderse como el desarrollo o la promoción de la *escuela para todos*, con una oferta educativa común y capaz de acoger y adaptarse a la diversidad del alumnado. Se trata de una visión que sin duda demanda cambios profundos en la estructura del sistema educativo y que en la actualidad se refleja en las leyes educativas de muchos países como el nuestro, pero que no alcanza a extenderse al proceso que tiene que ver con la trasformación esencial de los centros educativos, para incrementar las oportunidades de presencia, aprendizaje y participación de todo el alumnado.

Tal como promueve la LOMLOE (Ley 3/2020, de 29 de diciembre) y el Decreto 104/2018, de 27 de julio, del Consell, por el que se desarrollan los principios de equidad y de inclusión en el sistema educativo de la Comunitat Valenciana, en este artículo nos decantamos por adoptar una conceptualización amplia del término y asumimos que la EI debe tener como principal objetivo lograr una *educación de calidad* para todos en el marco de una escuela común. Sin duda, este reto requiere un *proceso de cambio* del sistema educativo profundo y sistemático que permita *eliminar las barreras* de distinto tipo que limitan la *presencia, el aprendizaje y la participación* del alumnado en los centros, con particular atención a aquellos que se muestran más vulnerables. Veamos en detalle algunos aspectos importantes que se derivan de esta conceptualización, ahondando en cómo se reflejan u operativizan en la situación de la EI en la Educación Secundaria en la actualidad.

Educación de calidad. Gran parte de la controversia que ha surgido en la puesta en práctica de políticas inclusivas en diferentes países ha girado en torno a si la "educación de calidad" debe centrarse en proporcionar una instrucción que mejore el rendimiento de los estudiantes *versus* en lograr que los estudiantes más vulnerables sean incluidos como participantes valiosos en la comunidad educativa. A este respecto, compartimos la idea de Marchesi y Martín (2014) y de Echeita et al. (2017), que refiere que la calidad educativa se caracteriza por las dos cualidades a las que cualquier centro educativo debe aspirar, como son la excelencia en el rendimiento o aprendizaje y la equidad. Así. la excelencia hace referencia al alcance de los más altos niveles de desarrollo de cada alumna y alumno para que puedan participar como ciudadanas y ciudadanos con plenos derechos y deberes. La equidad se entiende como la premisa de que esa excelencia alcance a todo el alumnado. Según Marchesi y Martín (2014), la equidad en la educación debe apreciarse en cuatro niveles: (a) Igualdad de oportunidades en el acceso a la educación; (b) Igualdad en el tratamiento educativo, proporcionando una oferta educativa similar en lo que respecta a recursos, currículo, tiempo, y formación del equipo docente; (c) Igualdad en los resultados, que el alumnado consiga logros similares independientemente de sus condiciones de vida y sus características personales; (d) Igualdad en los efectos sociales, que la educación tenga un efecto positivo en las futura oportunidades laborales y sociales, fomentando el progreso y evitando el determinismo por el origen socio-económico. En esta misma línea, en la Agenda 2030 para el desarrollo sostenible propuesta por la Organización de las Naciones Unidas, los organismos internacionales convinieron en reconocer que la EI de calidad es un medio esencial para la consecución con éxito de sus objetivos establecidos. Es en el objetivo de Desarrollo Sostenible 4 donde se plasma con toda claridad esta intencionalidad ya que pretende «Garantizar una EI y equitativa de calidad y promover oportunidades de aprendizaje permanente para todos».

Según apunta Arnáiz (2019), si se hace un análisis de las últimas décadas del sistema educativo de nuestro país, se debe destacar que ha habido grandes avances en el primer nivel de equidad que atañe a la igualdad de oportunidades en el acceso a la educación. No obstante, se observa que todavía no hay avances tan significativos en los otros tres niveles de equidad, al mantenerse diferencias claras por motivos de origen económico, social, cultural y capacidad, entre otros. Como prueba de ello, los datos ofrecidos por PISA (OCDE, 2022) señalan que el mayor fracaso escolar y el abandono de la educación obligatoria entre los adolescentes de nuestro país sigue asociándose a jóvenes varones de menor renta, de minorías étnicas o de origen extranjero. Asimismo, destacan el impacto que siguen teniendo en el rendimiento y la continuidad del alumnado en el sistema educativo la formación de los progenitores y la discapacidad.

El proceso de cambio hacia la EI. A partir de la década de los setenta del pasado siglo surgieron algunas voces que argumentaron la necesidad de un cambio de la política de la integración hacia los principios de la EI. En este artículo coincidimos con la opinión expresada por varios autores referente a que el modelo de la EI puede considerarse "un paso más" en el camino histórico de la atención a la diversidad; aunque trascendental en lo que respecta al

136

objetivo de transformar al aula ordinaria de modo que amplíe sus capacidades para dar respuesta a las necesidades de todos los alumnos y alumnas (p.ej. Ainscow, 2020). Así, si bien se han logrado algunos avances hacia el desarrollo de políticas y escuelas inclusivas, son varias las voces que han argumentado que desde hace varias décadas existe un amplio desfase entre la teoría inclusiva y la praxis psico-educativa de la mayoría de países (Haug, 2020), llegando incluso a cuestionarse si la EI podrá llegar a ser una "realidad" o se quedará siempre en un "ideal" (Hornby y Kauffman, 2021). En este contexto, se ha debatido la posible necesidad de retomar la educación especial para el alumnado con NEAE que no se adapte a la escuela ordinaria, llegando a proponer el desarrollo de una "educación especial inclusiva" como solución a la falta de éxito de la EI para determinado alumnado.

Para no desfallecer antes los inconvenientes, apoyamos la idea de que la EI ha de ser vista como un proceso que implica la búsqueda constante de mejores maneras de responder a la diversidad del alumnado. De modo que, al hablar de proceso, hay que asumir que existe un componente temporal que no podemos obviar. También que en el camino podemos encontrarnos barreras, situaciones confusas o contradictorias e incluso "regresiones". Compartimos la idea de Echeita (2009, p.27) de que nos encontramos en un estado de transición, en un momento de "ya no, pero todavía tampoco" donde todavía es posible observar muchas acciones que corresponderían a un periodo previo a la EI, al mismo tiempo que encontramos iniciativas innovadoras coherentes con la definición más amplia de EI. En este sentido, actualmente podemos afirmar que la mayoría de nuestras sociedades "ya no" comparten las posturas segregacionistas respecto a los alumnos con discapacidad de principios del S. XX; pero también sabemos por múltiples análisis internacionales y nacionales que "todavía tampoco" estamos cerca de alcanzar la compleja ambición de lograr una escuela de calidad (por lo tanto, con excelencia y equidad) para todos.

En el camino hacia el cambio, Wehmeyer (2009) propuso la necesidad de desarrollar una tercera generación de prácticas inclusivas: la primera consistió en mover a los alumnos de la educación especial hacia la general; la segunda desarrolló y validó estrategias de apoyo a los alumnos con NEAE en las aulas, y la tercera, en vez de pensar en el lugar donde el alumno es educado, reorienta su actividad a pensar qué es lo que se le enseña. Dentro de esta tercera generación, es esencial la promoción y mejora de la autodeterminación de los alumnos, el diseño universal del currículum y otras estrategias que benefician a todos los alumnos, como son el uso de las nuevas tecnologías y otras prácticas educativas basadas en la evidencia científica, como el aprendizaje cooperativo, el aprendizaje basado en proyectos o las experiencias de aprendizaje-servicio. Según Wehmeyer, todo ello permitiría un mejor acceso al currículum general y que todo el proceso educativo de niños y jóvenes se proyecte hacia su inclusión en el mundo social y laboral.

Ahondando en los cambios para acercarnos a centros más inclusivos, recientemente, en el último *Handbook of effective inclusive schools* (McLeskey et al., 2021) se revisan las investigaciones más influyentes realizadas al respecto y se formulan una serie de problemas clave y acciones que deben abordarse para que el cambio sea exitoso. En la revisión de destacan los siguientes:

1. El cambio debe ser sistémico e implicar al centro educativo en su conjunto. Si se desea que las acciones emprendidas se mantengan en el tiempo, estas no pueden dirigirse a una pequeña parte de la escuela o instituto (por

ejemplo, solo a los estudiantes con discapacidad) sino que debe implicar a todos sus agentes y a su estructura organizativa. Los cambios que se han mostrado efectivos implican cambios en las creencias y valores de los docentes y otros profesionales del centro educativo, modificaciones en la estructura del currículo y una profunda revisión de los roles y responsabilidades de los docentes y otros profesionales implicados.

2. La perspectiva adoptada en el cambio debe ser coherente, clara y conocida por todos los profesionales de la escuela, y abordar áreas que los docentes desean mejorar. La coherencia implica priorizar y enfocarse en un limitado número de problemas que los docentes y administradores pueden entender y operativizan razonablemente. El cambio debería centrarse inicialmente en mejorar alguna combinación de la competencia lectora y matemática y el bienestar emocional y social de los alumnos. De esta forma, se abordan áreas que son claramente importantes para los docentes, y también se proporciona a los profesionales coherencia y una orientación hacia el cambio.

3. Importancia de la planificación. El centro educativo debe dedicar tiempo a planificar los cambios antes de estos sean implementados. Algunos autores sugieren que son necesarios entre 3 y 6 meses para que los docentes entiendan el propósito del cambio, se examinen alternativas para el cambio, se visiten otros institutos que estén involucrados en cambios similares, aprendan a colaborar y confiar en sus compañeros y participen en actividades iniciales de formación. Si bien el tiempo de planificación es importante, se recomienda no excederse en el tiempo dedicado a la planificación y considerar el cambio como un proceso en continua revisión, en función de una evaluación y análisis constante de la efectividad de las medidas emprendidas.

4. El cambio debe centrarse en mejorar la práctica docente y en la provisión de recursos y apoyos. La evidencia científica sugiere que la formación de docentes competentes, para que se muestren capaces de detectar necesidades de todo el alumnado y adaptar las estrategias de enseñanza a las mismas es un factor clave para el cambio.

5. El cambio requiere de un liderazgo eficaz. Es necesario que el equipo directivo de los centros educativos lidere las acciones para que el cambio se muestre eficaz. Acciones clave para el equipo directivo incluyen: a) establecer el foco del cambio y las prácticas inclusivas; b) promover la formación docente; c) tomar decisiones para la provisión de recursos y los cambios en la programación; d) rediseñar la organización del centro; y e) proteger a los docentes de las presiones externas que obstaculizan el cambio. Además, sugieren que el papel más importante del equipo directivo es compartir o distribuir el liderazgo entre los docentes, para que estos se impliquen y se muestren comprometidos.

Barreras a la presencia, el aprendizaje y la participación. La inclusión de todos los alumnos puede definirse a partir de tres dimensiones: la presencia, el aprendizaje y la participación de todos los estudiantes. El concepto de "barreras a la presencia, el aprendizaje y la participación" ha sido defendido por diversos autores para sustituir los términos "Necesidades Educativas Especiales (NEE)" y "NEAE" y aparece explícitamente tanto en la LOMLOE como en el Decreto 104/2018 que regula la inclusión educativa en la Comunidad Valenciana. Veamos qué entendemos por cada uno de estos tres conceptos y en qué situación particular se encuentra el alumnado de Secundaria en la actualidad.

• *Presencia*. La presencia hace referencia al espacio donde tienen lugar los aprendizajes y a la fiabilidad y puntualidad con la que asisten a las clases. El marco teórico de la EI argumenta que, para aprender determinadas competencias sociales, así como determinados valores y actitudes hacia la inclusión es necesario que los alumnos, con independencia de su origen o capacidad, sean educados en el mismo espacio físico. Así, reclama la presencia de todos los alumnos y alumnas en centros y espacios educativos comunes, tanto en las actividades del aula como en las actividades extraescolares. Además, no se trata solo de estar en el mismo edificio, sino también de la forma en que los alumnos y alumnas están agrupados. Así, también reclama necesidad de establecer grupos heterogéneos, como base para la interacción y la convivencia. En este sentido, las políticas y las prácticas de escolarización del alumnado más vulnerable en términos de su ubicación en aulas o centros específicos *versus* ordinarios, podrían considerarse indicadores de exclusión.

En la mayoría de países del mundo se observa un aumento en la escolarización de estudiantes con NEAE en centros ordinarios en detrimento de la escolarización en centros específicos de educación especial (OCDE, 2022, EASIE, 2023). Sin embargo, a pesar de que la escolarización en centros ordinarios de todos los alumnos es un principio rector en gran parte de las leyes educativas a nivel internacional, en la mayoría de países mantenemos el sistema de "múltiples vías", caracterizado por una variedad de servicios y posibilidades de escolarización, que van desde la inclusión de los alumnos con NEAE en aulas ordinarias de centros ordinarios, pasando por la escolarización en aulas específicas de educación especial en centros ordinarios e itinerarios diversos, hasta la escolarización de algunos alumnos y alumnas en centros específicos de educación especial

141

Según datos del Ministerio de Educación y Formación Profesional, en el curso escolar 2022-2023 (últimos datos disponibles) la cifra total de alumnado NEAE que recibió una atención educativa diferente a la ordinaria ascendió al 15,1% en ESO, siendo todavía más significativo en FP Grado Básico, con un 18,5%. Entre las posibles causas de NEAE (i.e. necesidades educativas especiales, trastornos del desarrollo del lenguaje y la comunicación, trastornos de atención o de aprendizaje, desconocimiento grave de la lengua de aprendizaje, situación de vulnerabilidad socioeducativa, altas capacidades intelectuales, haberse incorporado tarde al sistema educativo, o condiciones personales o de historia escolar) más comunes en ESO encontramos, por orden, las situaciones de vulnerabilidad socioeducativa, los trastornos de aprendizaje y las altas capacidades; mientras que, en FP Grado Básico, el primer lugar lo ocupan los trastornos de aprendizaje seguidos por el alumnado en situaciones de vulnerabilidad socioeducativa y por aquellos que manifiestan un grave desconocimiento de la lengua de aprendizaje.

De entre los alumnos y alumnas con NEAE, un 2,9 % en la ESO y un 6,5% en FP Grado básico recibieron una atención educativa personalizada por presentar NEE asociados a discapacidad o trastornos graves de la comunicación, y los restantes por otras NEAE. Centrándonos en los datos relativos a la presencia del alumnado (los datos ofrecidos no clasifican por etapas educativas), podemos comprobar que una parte importante del alumnado con NEE, el 84,2%, está escolarizado en enseñanzas ordinarias (modalidad inclusiva) y el 15,8% cursan Educación Especial específica. Teniendo en cuenta el tipo de NEE, los mayores porcentajes de inclusión corresponden a los trastornos graves de conducta/personalidad, 98,8%, trastornos graves de la comunicación y el lenguaje, 98,0%, y discapacidad auditiva, 95,5%. Por tanto, estos datos nos muestran, que en nuestro país todavía se mantiene el sistema de "múltiples vías", a diferencia de lo que ocurre en un limitado número de países como Italia, en el que se instauró el sistema de "una sola vía".

• *Aprendizaje.* La dimensión de aprendizaje tiene que ver con el éxito académico en las distintas áreas del currículo y en las distintas etapas educativas. Tal como ha quedado reflejado anteriormente, la EI debe preocuparse porque todos los alumnos y alumnas alcancen el mejor rendimiento escolar en las competencias necesarias, que permitan a cualquier persona el mayor desarrollo y participación en la vida social y laboral. Así, quedarían sometidas a crítica las prácticas habituales de elaboración de adaptaciones curriculares individuales (ACIs), que en muchas ocasiones se conforman con lo básico o elemental, eliminando objetivos y contenidos educativos importantes, y por tanto, "empobreciendo" el currículo de parte del alumnado, antes de haber realizado todos los esfuerzos necesarios para modificar las prácticas educativas o de organización escolar que podrían actuar compensatoriamente con las condiciones específicas de dicho alumnado.

Uno de los aspectos que más debate ha generado en torno a la implementación de la EI es precisamente los efectos que esta modalidad educativa tiene sobre el rendimiento de los alumnos con NEAE, generando cuestiones del tipo: ¿aprenden más los alumnos con NEAE en contextos inclusivos o en centros o unidades específicas?, ¿cuál es la tasa de fracaso escolar de este alumnado?, ¿la inclusión de alumnos en con NEAE en aulas ordinarias perjudica el rendimiento de sus compañeros sin NEAE? Para aproximarnos a las respuestas estas preguntas, destaca el informe de Hehir et al. (2016) centrado en el análisis de los efectos en el aprendizaje de la inclusión, no solo en los estudiantes con

NEAE que son educados en escuelas ordinarias, sino también en sus compañeros sin NEAE. El informe es el resultado de una revisión sistemática de 280 estudios de 25 países, que, aunque incluye estudios con todo tipo de NEAE, se centra especialmente en alumnos con discapacidad. De los 280 estudios revisados, 89 proporcionan evidencia científica relevante de que los entornos inclusivos pueden conferir beneficios sustanciales a corto y largo plazo para los estudiantes con NEAE. Los resultados muestran que el alumnado con NEAE escolarizado en centros inclusivos desarrollan habilidades más sólidas en lectura y matemáticas, tienen tasas más altas de asistencia a la escuela, tienen menos probabilidades de tener problemas de conducta y tienen más probabilidades de completar la Educación Secundaria que los estudiantes que han sido educado en centros específicos. Además, los beneficios de la inclusión también parecen extenderse más allá de la Educación Secundaria ya que los estudiantes con NEAE que han sido educados en la escuela ordinaria tienen casi el doble de probabilidad de continuar su formación al finalizar la Etapa Secundaria que sus iguales educados en centros educativos específicos.

• *Participación*. Por participación se entiende la calidad de las experiencias que vive el alumnado mientras está escolarizado, que implica aprender con otros, compartir vivencias y emociones con los otros y, en definitiva, el alcance de un adecuado bienestar personal y social de todo el alumnado. Es decir, la participación hace referencia no solo al hecho de aprender junto con otros, sino también a ser reconocido y aceptado (Booth y Ainscow, 2015). De acuerdo con Ainscow (2020), la inclusión educativa se entiende muchas veces de forma restrictiva equiparándose únicamente a la dimensión de presencia, haciendo referencia únicamente al tipo de centros al que acuden determinados alumnos. Sin embargo, como venimos insistiendo, la inclusión es mucho más que eso, e implica promover la educación integral de todo el alumnado. Los lugares son importantes, pero de manera interdependiente con las otras dos variables: aprendizaje y participación. En relación con esta perspectiva, centrada en lograr el máximo desarrollo de la persona en todos sus ámbitos, aprovechamos para aludir al Modelo de Calidad de Vida (p.ej. (Schalock y Verdugo, 2007), proveniente de la investigación en discapacidad que desde hace unas décadas ha comenzado a aplicarse al área educativa, especialmente en lo que respecta a los alumnos y alumnas con necesidades específicas. Según este modelo, la meta o misión de la educación debe centrarse en mejorar la calidad de vida de cada alumno desde un enfoque multidimensional que no considere el rendimiento académico como lo único relevante sino también otros aspectos del estudiante como el desarrollo personal, el bienestar emocional, las relaciones interpersonales, el bienestar físico, el bienestar material, la autodeterminación, la inclusión social y los derechos. En otras palabras, el modelo de calidad de vida promueve avanzar en la "educación integral" teniendo en cuenta todas las dimensiones de la vida del alumno.

Estudios centrados en la dimensión de la participación del alumnado de Secundaria sugieren, por un lado, que un alto número de estudiantes con NEAE presenta dificultades para desarrollar relaciones con sus compañeros, menores niveles de aceptación percibida de los compañeros y una menor autopercepción de la participación social y , por otro, que la inclusión puede contribuir a paliar dichas dificultades, al fomentar el desarrollo de habilidades sociales de los estudiantes con NEAE (Bossaert et al., 2015). Los estudiantes con NEAE que son educados en contextos inclusivos se muestran más propensos a pertenecer a grupos, más independientes, más autosuficientes y menos propensos a recibir amonestaciones disciplinarias que sus iguales que asistían a centros de

145

educación especial. Además, Kart y Kart (2021) añaden que los alumnos sin NEAE también se ven beneficiados socialmente de estar en aulas inclusivas con alumnos con discapacidades, al observase una reducción significativa del miedo, la hostilidad, los prejuicios y la discriminación, así como un aumento de la tolerancia, la aceptación y la comprensión. En la misma línea, Bunch y Valeo (2004), a partir de entrevistas realizadas a un grupo amplio de estudiantes canadienses sin NEAE acerca de sus relaciones con estudiantes con NEAE, encontraron que los alumnos educados en escuelas inclusivas tenían un mayor número de amistades con alumnos con NEAE y se mostraban más propensos a apoyar la inclusión que los estudiantes que provenían de escuelas no inclusivas. Los investigadores sugieren que la diferencia en cuanto al número de amistades se debe al mero contacto que se produce entre estudiantes con y sin NEAE en las escuelas inclusivas. De modo que, los estudiantes son más propensos a apoyar las situaciones con las que están familiarizados; si la inclusión es la norma, es probable que la respalden, y si la segregación es la norma, también es probable que la acepten.

En nuestro país, Echeita (2009) llevó a cabo un interesante estudio descriptivo sobre el nivel de participación de los estudiantes con discapacidad a través de las diferentes etapas educativas, con resultados que denotan que todavía es necesario trabajar en los centros para fomentar la participación de los alumnos con NEE. Los resultados de su investigación apuntan varios resultados interesantes a partir de encuestas realizadas a padres de alumnos con discapacidad escolarizados en escuelas inclusivas. En primer lugar, sugieren un descenso en la autoestima de los estudiantes con discapacidad desde la Etapa Infantil a la Etapa Secundaria (estudiantes con discapacidad y buena autoestima en Educación infantil: 70%; en Educación Primaria: 56%; en ESO: 38%)

y en el sentimiento de aceptación por parte de los alumnos sin discapacidad (estudiantes con NEAE que se sienten bien tratados por sus compañeros: en Educación infantil: 80%; en Educación Primaria: 80%; en ESO: 55%. Un dato esperanzador es que frente a este descenso se observa un repunte en la Etapa de Bachillerato/FP (estudiantes con discapacidad con buena autoestima: 49%; estudiantes con discapacidad que se sienten bien tratados por sus compañeros: 61%). Los autores concretan que la mayoría de estudiantes con discapacidad que alcanzan estas etapas superiores son alumnos con discapacidad sensorial o motriz.

Para concluir esta sección, nos gustaría resaltar algunos aspectos. Primero, que las evidencias recogidas en torno a los efectos de la inclusión en la presencia, rendimiento y participación de todo el alumnado nos resultan esperanzadoras, siempre que asumamos, como hacíamos al principio del artículo, que la EI es un proceso sobre el que todavía queda mucho por hacer. Segundo, que los resultados empíricos deben ser considerados para reconducir determinadas prácticas educativas y para tomar decisiones argumentadas y ajustadas a la realidad de las aulas. Por último, y a modo de nexo con el siguiente apartado, que los resultados de las investigaciones llevadas a cabo en espacios compartidos por alumnos con NEAE y sin NEAE nos muestran que para que la inclusión sea efectiva en los términos que venimos defendiendo, es necesario que los docentes y otros profesionales de la educación reconsideren muchas de las prácticas educativas establecidas en su labor diaria. En aclarar cómo podemos contribuir a esta cuestión, nos centraremos en el siguiente apartado.

La formación del profesorado para la educación inclusiva

Entre los factores necesarios para promover el cambio hacia una EI real se destacado con singular importancia la necesidad de revisar y mejorar la formación inicial y continua del profesorado con el ambicioso objetivo de que los futuros docentes, desde el mismo momento de su iniciación profesional, se sientan y muestren suficientemente competentes para planificar, desarrollar y evaluar propuestas educativas inclusivas (p.ej., Engelbrecht, 2017). Así, por ejemplo, el Informe Mundial sobre Discapacidad (OMS, 2011) puntualiza que: "La adecuada formación de los docentes es crucial a la hora ser competentes enseñando a niños con diversas necesidades" y enfatiza la necesidad de que dicha formación "se centre en las actitudes y los valores, y no solo en conocimientos y habilidades" (p. 222). Sin embargo, la evidencia disponible muestra que buena parte del profesorado en activo no se siente preparado para atender la diversidad (OCDE, 2018).

Los datos del Informe TALIS (OCDE, 2018), cuyo objetivo es recabar datos válidos que sirvan de ayuda a los países para revisar y definir políticas educativas que favorezcan el desarrollo de una función docente de calidad, nos ofrecen un panorama que encaja con la necesidad de formación para atender en las aulas al alumnado con NEAE demandada por gran parte del profesorado de Secundaria. De acuerdo con las respuestas de los directores de los centros de Educación Secundaria, en el promedio de OCDE-30, entre el 17 % y el 31 % del profesorado trabaja en centros escolares con un alto número de estudiantes con NEAE. Esa proporción en España es inferior, puesto que se encuentra entre el 9 % y el 26 %, dependiendo de qué tipo de diversidad presente el alumnado. Concretamente, el 31 % del profesorado en el promedio OCDE-30 trabaja en centros con más del 10 % del alumnado con necesidades educativas especiales, 14 puntos porcentuales más que en España (17 %), el 20% en centros con más del 30 % del alumnado procedente de hogares socioeconómicamente desfavorecidos (en España el 9%) y en torno al 17 % trabaja en centros en los que más del 10 % del alumnado tienen origen migrante, 9 puntos porcentuales menos que en España (26 %).

La presencia de personal de apoyo pedagógico, necesario para proporcionar atención adecuada a la diversidad de estudiantes que están matriculados en los centros educativos de Secundaria, muestra también notables diferencias de unos países a otros, y también entre las comunidades autónomas de nuestro país. En España hay, en promedio, una persona de apoyo por cada 20 docentes de Secundaria, que es una ratio significativamente más alta que la del promedio OCDE-30 (una persona de apoyo por cada 12 docentes). Esta cifra contrasta claramente con las de países como Suecia, Chile, Islandia o Nueva Zelanda, donde tienen entre 4 y 7 veces más profesorado de apoyo que en España. En relación a esta cuestión, cuando se les pregunta a los directores de los centros sobre las causas que más afectan a la calidad de la enseñanza, en España, la escasez de personal de apoyo es el problema que en su opinión afecta a una mayor proporción de centros (42 %), seguido por la escasez de profesorado especializado en enseñar a alumnos y alumnas en un entorno multicultural (17 %). Los datos del informe TALIS también nos informan de que el área de conocimiento en la que los docentes españoles de Educación Secundaria manifestaron tener una mayor necesidad de formación fue la enseñanza a estudiantes con NEE, referida por un 21%. Asimismo, el 18% reconoció una gran necesidad formativa para la enseñanza en entornos multiculturales o plurilingües. Ambos porcentajes son superiores a los promedios de la OCDE y de la UE.

Tradicionalmente, la formación docente para estudiantes con NEAE se ha basado en el supuesto del conocido como "déficit médico", en el que los estudiantes con discapacidad y otras dificultades de aprendizaje se consideraban cualitativamente diferentes como aprendices y, por lo tanto, necesitaban respuestas educativas totalmente diferentes y adaptadas de forma única para responder a esas diferencias. El resultado de esta concepción fue que, en la mayoría de países del mundo, los programas de formación inicial del profesorado para atender al alumnado con NEAE se diseñaran de manera diferenciada a los programas formación general (modelo de experto/especialista); confirmándose así las barreras entre la Educación Especial y la general. Así, a nivel internacional, los docentes que eligieron formarse en programas de educación especial se cualificaron para educar al alumnado con dificultades y ayudarles a "superar sus déficits" y para ejercer, mayoritariamente, en centros específicos o en aulas de educación especial. Por otro lado, las asignaturas sobre el alumnado con NEAE que estuvieron presentes en algunos programas de formación general del profesorado basaron su discurso en el modelo del déficit, contribuyendo a que se generalizaran creencias y actitudes profundamente arraigadas sobre las diferencias humanas y quién debería ser responsable de responder a ellas dentro de la sociedad y la educación (p.ej., Florian y Black-Hawkins, 2011).

Con el objetivo de contribuir a esta necesidad de formación en prácticas inclusivas manifestada por los docentes, en los últimos años, la investigación científica se está preocupando por analizar y diseñar modelos y prácticas de formación docente inicial efectiva y basadas en la evidencia que aseguren que los futuros docentes adquieran las competencias necesarias para proporcionar una educación de calidad para todos los alumnos y alumnas (Engelbrecht y Ekins, 2017). De acuerdo con la revisión de la literatura realizada por Engelbrecht y Ekins (2017), pueden identificarse dos modelos de enseñanza predominantes a nivel internacional: (1) *El modelo adicional*, donde se agregan uno o dos cursos que abordan la EI a los programas tradicionales de formación inicial del profesorado. Este modelo ha sido adoptado en varios países, aunque presenta limitaciones al no integrar la inclusión como parte del currículo general. En muchos casos, la formación en EI se ofrece como una materia optativa, lo que reduce su impacto real en la formación de los docentes. (2) *El modelo de unificación o fusión*, que incorpora actividades específicas para la EI en cualquier materia de la formación general del profesorado. A este segundo modelo, también se le ha denominado el "modelo permeable" o "modelo de fusión" de los contenidos. Ejemplos exitosos incluyen programas en Escocia, Finlandia y Canadá, donde los futuros docentes desarrollan competencias inclusivas a lo largo de toda su formación, asegurando una comprensión más profunda de la diversidad y estrategias efectivas para la inclusión. La investigación sugiere que el modelo de fusión es más efectivo para preparar a los docentes en el diseño de estrategias inclusivas, ya que permite que la inclusión se interiorice como un aspecto central en la enseñanza. Sin embargo, su implementación requiere cambios estructurales y una planificación cuidadosa, un notable incremento en la cooperación entre todos los profesionales que contribuyen a la formación de docente, así como esfuerzos por la formación continua y un seguimiento a largo plazo.

En síntesis, pasar del todavía mayoritario modelo adicional al modelo de fusión de contenidos en los planes de estudio de formación del profesorado requiere de una reforma a gran escala que garantice que los centros educativos están comprometidos con los modelos de práctica inclusiva eficaz promovidos por las instituciones de formación superior. Además, de acuerdo con las conclusiones alcanzadas por la *European Agency Statistics on Inclusive Education* (EASIE, 2023), deberían realizarse nuevas investigaciones que contrasten la efectividad de diferentes rutas de enseñanza y analicen la organización del curso, los contenidos y las metodologías más adecuadas para promover que los futuros docentes alcancen las competencias necesarias para contribuir al desarrollo de una EI eficaz.

Perfil de competencias del profesorado inclusivo. La EASIE ha dedicado parte de sus esfuerzos (EASIE, 2023) a revisar los planes de estudios europeos de formación inicial del profesorado, con tres objetivos fundamentales: (1) Identificar un marco de referencia para las competencias aplicables a cualquier profesor en su fase de formación inicial; (2) Resaltar las competencias esenciales, los conocimientos, así como las actitudes y los valores necesarios para para que todo el profesorado esté en condiciones de trabajar en contextos educativos inclusivos. Competencias que deben asegurarse en la formación inicial y servir de marco para el desarrollo profesional posterior; (3) Reforzar el argumento de que una educación más inclusiva es responsabilidad de todo el profesorado, sin excepciones, y que la preparación de todos los profesores para trabajar en centros educativos inclusivos es responsabilidad de todos los "formadores de profesores". Para alcanzar estos objetivos, entre otros resultados, el proyecto generó el "Perfil de Competencias de un profesorado inclusivo", con la expectativa de contribuir a difundir unos contenidos de gran relevancia y potencial utilidad para "formadores de docentes". El perfil propuesto se basa en cuatro valores esenciales:

1. Valoración positiva de la diversidad: Las diferencias entre los estudiantes son un recurso valioso en el aprendizaje. La diversidad es vista como una oportunidad para enriquecer el entorno educativo y fomentar valores de respeto y equidad.

2. Apoyo a todo el alumnado: Compromiso con el desarrollo académico y social de todos los estudiantes. Esto implica desarrollar estrategias adaptativas y un perfil flexible de los apoyos para garantizar que todos los estudiantes tengan acceso a una educación de calidad.

3. Trabajo en equipo: Colaboración con otros docentes, familias y profesionales de la educación. La inclusión no es solo responsabilidad del docente de aula, sino de toda la comunidad educativa. Además, es fundamental dar verdadera voz al alumnado.

4. Desarrollo profesional continuo: La enseñanza inclusiva requiere formación permanente y reflexión sobre la práctica educativa. Es fundamental que los docentes cuenten con espacios de capacitación y actualización constante en materia de inclusión.

Cada área de competencia combina actitudes, conocimientos y habilidades que permiten a los docentes aplicar prácticas inclusivas en el aula, promoviendo una educación equitativa para todos los estudiantes. Los autores del perfil resaltan el mensaje fundamental de que las competencias descritas son necesarias para todo el profesorado y no sólo para aquellos considerados "especialistas".

Actitudes y valores en la formación inicial del profesorado. Las actitudes y valores hacia la EI del profesorado juegan un papel fundamental en la aplicación de estrategias inclusivas en sus aulas. Es habitual encontrarnos con profesores de Secundaria que apoyan la filosofía de la EI, pero que cuestionan su propia capacidad para enseñar adecuadamente en un aula que incluye a estudiantes con NEAE. Por ejemplo, Triviño-Amigo et al. (2022), en un estudio realizado con más de 400 profesores españoles de Secundaria mostraron que hay un gran porcentaje de profesores que creen que su formación inicial fue insuficiente para atender a la diversidad del alumnado. Sin embargo, la mayoría de ellos afirmó que estarían dispuestos a asistir a cursos de formación sobre inclusión.

El nivel educativo en el que enseñan los docentes, el género y los años de experiencia docente han sido examinados como posibles factores que influyen en las actitudes de los maestros hacia la inclusión (p.ej. Chiner y Cardona, 2013; Triviño-Amigo et al., 2022). Algunos trabajos parecen apuntar que los profesores de Educación Secundaria tienen actitudes menos positivas hacia la inclusión que los maestros de Educación Infantil y Primaria, que las profesoras son más tolerantes hacia la inclusión que los profesores y que los docentes más jóvenes y con menos años de experiencia docente muestran actitudes más favorables a la inclusión que los docentes de más edad y con más experiencia. Sin embargo, los datos aportados por los estudios realizados al respecto todavía no pueden considerarse concluyentes.

Conclusiones

Llegados a este punto, podemos afirmar que las barreras y retos en la implementación de la EI en Secundaria reflejan la necesidad de una transformación profunda en los sistemas educativos para garantizar una educación de calidad para todo el alumnado. A pesar de los avances en la escolarización de estudiantes con NEAE en centros ordinarios, sigue existiendo un sistema de "múltiples vías" que, en muchos casos, limita la inclusión real y efectiva. Como hemos apuntado, la falta de un consenso claro sobre el concepto de EI genera diferencias en las políticas y en la interpretación de los resultados de su aplicación, lo que dificulta la consolidación de modelos verdaderamente equitativos. Además, la persistencia de enfoques segregacionistas que se ofrecen como oportunidades para nuestros adolescentes y la insuficiencia de recursos continúan afectando el desarrollo de prácticas inclusivas en las aulas, lo que compromete el derecho a una educación de calidad para todos los estudiantes.

En este artículo hemos argumentado la urgente necesidad social por la superación de las barreras que afectan la presencia, el aprendizaje y la participación de los estudiantes con NEAE, ya que todavía en nuestro país, y también a nivel internacional, se observa una desigualdad significativa en términos de éxito académico, asociada a diferencias individuales por origen económico, social, cultural y de capacidad. La falta de un currículo flexible, el uso de metodologías tradicionales poco adaptada a la diversidad de las aulas y la escasez de apoyos pedagógicos dificultan el progreso en el aprendizaje de todo el alumnado. Asimismo, la participación en la vida escolar sigue siendo un reto, pues muchos alumnos con NEAE experimentan dificultades en la inclusión social y en la construcción de relaciones con sus compañeros, lo que impacta en su desarrollo personal y en su sentido de pertenencia a la comunidad educativa.

En este contexto, la formación del profesorado emerge como un pilar fundamental para la consolidación de la EI. Sin embargo, los datos muestran que una parte significativa del profesorado de Secundaria no se siente preparada para atender la diversidad en el aula. A nivel internacional, se han identificado modelos de formación docente que integran la EI como un eje central del currículo, en lugar de tratarla como un aspecto complementario. Estos modelos han demostrado ser más eficaces en la preparación de docentes para responder a la diversidad de los estudiantes y garantizar una enseñanza equitativa. Sin embargo, su implementación requiere cambios estructurales en la formación inicial y continua del profesorado, así como una mayor inversión en recursos y apoyo institucional.

En definitiva, avanzar hacia un modelo educativo verdaderamente inclusivo implica un cambio de paradigma que vaya más allá de la mera presencia de alumnos con NEAE en las aulas ordinarias. Es necesario un compromiso institucional que garantice la formación y el apoyo adecuado a los docentes, así como la implementación de metodologías pedagógicas basadas en la evidencia que favorezcan la inclusión y el aprendizaje de todos los estudiantes. La EI ya no debe ser vista únicamente como un derecho del alumnado con NEAE, sino como una oportunidad para mejorar la calidad educativa en su conjunto. Si se logran superar las barreras existentes y se establecen políticas educativas coherentes y sostenibles, se podrá construir un sistema educativo más justo, equitativo y capaz de responder a la diversidad de todo el alumnado.

Referencias

Ainscow, M. (2020). Promoting inclusion and equity in education: lessons from international experiences. *Nordic Journal of Studies in Educational Policy*, 6(1), 7-16.

Arnaiz Sánchez, P. (2019). La educación inclusiva: Mejora escolar y retos para el siglo XXI. Participación educativa.UNESCO (2015). *Educación 2030: Hacia una educación inclusiva y equitativa de calidad y un aprendizaje a lo largo de la vida para todos*, World Education Forum.

Booth, T. y Ainscow, M. (2015). *Guía para la educación inclusiva. Desarrollando el aprendizaje y la participación en los centros escolares.* Madrid: OEI/FUHEM.

Bossaert, G., Boer, A. A. de, Frostad, P., Pijl, S. J., y Petry, K. (2015). Social participation of students with special educational needs in different educational systems. *Irish Educational Studies, 34(1)*, 43–54.

Bunch, G., y Valeo, A. (2004). Student attitudes toward peers with disabilities in inclusive and special education schools. *Disability y Society*, 19(1), 61-76.

Chiner, E., y Cardona, M. C. (2013). Inclusive education in Spain: how do skills, resources, and supports affect regular education teachers' perceptions of inclusion? *International Journal of Inclusive Education, 17(5)*, 526–541.

EASIE (2023). *Perfil de la formación profesional docente para la inclusión educativa.* Agencia europea.

Echeita, G. (2009): Los procesos de inclusión educativa desde la declaración de Salamanca. Un balance doloroso y esperanzado. En Giné, C., Durán, D., Font, J. y Miquel, E. (Coord.): *La educación inclusiva. De la exclusión a la plena participación de todo el alumnado.* (pp 13-24). Horsori: Barcelona.

Echeita, G. (2009): Los procesos de inclusión educativa desde la declaración de Salamanca. Un balance doloroso y esperanzado. En Giné, C., Durán, D., Font, J. y Miquel, E. (Coord.): *La educación inclusiva. De la exclusión a la plena participación de todo el alumnado.* (pp 13-24). Horsori: Barcelona.

Echeita, G. (2017). Educación inclusiva. Sonrisas y lágrimas. *Aula abierta*, 46(2), 17-24.

Engelbrecht, P., y Ekins, A. (2017). International perspectives on teacher education for inclusion. *The Wiley Handbook of Diversity in Special Education*, 425.

European Agency for Special Needs and Inclusive Education (2023). *European Agency Statistics on Inclusive Education: 2019/2020 School Year Dataset Cross-Country Report*. (P. Dráľ, A. Lénárt and A. Lecheval, eds.). Odense, Denmark.

Florian, L., y Black-Hawkins, K. (2011). Exploring inclusive pedagogy. *British Educational Research Journal*, *37*(5), 813-828.

Haug, P. (2020). 'It is impossible to avoid policy'comment on Mel Ainscow: promoting inclusion and equity in education: lessons from international experiences. *Nordic Journal of Studies in Educational Policy*, *6*(1), 17-20.

Hehir, T., Gridal, T., Freeman, B., Lamoreau, R., Borquaye, Y., y Burke, S. (2016). *A summary of the evidence on inclusive education*. Instituto Alana: Sao Paulo.

Hornby, G., y Kauffman, J. M. (2021). Special and inclusive education: Perspectives, challenges and prospects. *Education Sciences*, *11*(7), 362

Kart, A., y Kart, M. (2021). Academic and social effects of inclusion on students without disabilities: A review of the literature. *Education Sciences*, *11*(1), 16.

Kauffman, J.M., Nelson, C.M., Simpson, R.L. y Mock Ward, D. (2017). Contemporary issues. In J. M. Kauffman, D. P. Hallahan, y P. C. Pullen (Eds.), *Handbook of special education* (2nd ed.). New York: Routledge.

Marchesi, A. y Martín, E. (2014). *Calidad de la enseñanza en tiempos de crisis*. Madrid: Alianza Editorial.

McLeskey, J., Spooner, F., Algozzine, B., y Nancy, L. W. (Eds.). (2021). *Handbook of Effective Inclusive Elementary Schools: Research and Practice*. Routledge.

OCDE (2022). Panorama de la educación 2022. Indicadores de la OCDE. Informe español. Ministerio de Educación y Formación Profesional. Secretaría de Estado de Educación. Dirección General de Evaluación y Cooperación Territorial. Instituto Nacional de Evaluación Educativa.

OMS (2011). *Informe mundial sobre la discapacidad*. Malta: World Health Organization.

Schalock, R. L. y Verdugo, M. A. (2007). El concepto de calidad de vida en los servicios y apoyos para personas con discapacidad intelectual. *Siglo Cero, 38* (4), 21-36.

Triviño-Amigo, N., Mendoza-Muñoz, D. M., Mayordomo-Pinilla, N., Barrios Fernández, S., Contreras-Barraza, N., Gil-Marín, M. y Rojo-Ramos, J. (2022). Inclusive education in primary and secondary school: Perception of teacher training. *International Journal of Environmental Research and Public Health*, *19*(23), 15451.

UNESCO (2021). UNESCO (2021). *Reimagining our futures together. A new social contract for education*. Report from the International Commission on the Futures of Education. Paris: United Nations Educational, Scientific and Cultural Organization.

Van Mieghem, A., Verschueren, K., Petry, K., y Struyf, E. (2020). An analysis of research on inclusive education: a systematic search and meta review. *International Journal of Inclusive Education*, *24*(6), 675-689.

Wehmeyer, M. (2009). Autodeterminación y la tercera generación de prácticas de inclusión. *Revista de Educación, 349*, 47-67.

Diversidades y periferias: la meta de la inclusión

XOSÉ MANUEL SOUTO GONZÁLEZ[47]

La institucionalización de la educación en el sistema escolar supone dos desafíos relevantes: por una parte, la necesidad de regular los contenidos que se imparten a toda la ciudadanía, lo que se hace explícito a través de las normativas legales. Por otra, la consolidación de un canon de enseñanza escolar, donde el profesorado imparte la clase con una determinada metodología, que considera la más apropiada para que puedan aprender las personas que se han categorizado como alumnado; son hábitos subjetivos que se socializan en las aulas y centros escolares.

Tanto el canon profesional como las normativas legales tratan de unificar la diversidad de los comportamientos, actitudes y capacidades de las personas. Pero, sobre todo, se taxonomizan las diferencias en relación con los objetivos. Las personas que no alcanzan las metas señaladas son las fracasadas, los objetores, los que suspenden, se niegan a seguir el modelo… Forman parte de un conjunto heterogéneo que hemos denominado "las periferias escolares" en algunas investigaciones que hemos realizado y que utilizamos como referencia en este trabajo.

---

[47] Universitat de València y Gea-Clío

El problema que surge en el sistema escolar de España en el siglo XXI consiste en la segregación del alumnado en relación con sus expectativas académicas y la disciplina de los centros escolares. Los factores explicativos son múltiples: la ausencia de estímulos respecto a la cultura escolar; el escaso prestigio del saber escolar para alcanzar metas sociales; la delegación de la educación básica desde las familias a las escuelas, lo que hace aumentar la responsabilidad del docente; las continuas reformas administrativas del currículo, que genera ansiedad, burocracia y jerga; la promesa de una didáctica que favorece el aprendizaje individual, cuando se promueve una enseñanza para un colectivo homogéneo; la falta de formación inicial en condiciones de favorecer la investigación sobre la praxis…

Y entonces surge la utopía, necesaria, pero a veces frustrante, de la educación inclusiva, donde respetando las diferencias individuales se pueda ejercer una enseñanza de calidad. Una educación que promueva, desde el aprendizaje subjetivo, la convivencia de las personas diferentes y permita el libre desarrollo de la personalidad individual, como defienden las normativas legales, empezando por la Constitución de 1978.

Los objetivos que pretendemos con este trabajo es mostrar los resultados de dos años de investigación en un proyecto avalado por la Generalitat Valenciana[48] en el que han colaborado docentes y alumnos de diferentes centros escolares del País Valencià. Pero, además, una reflexión sobre la praxis escolar, compartida con colegas del grupo Gea-Clío, que desde hace más de treinta años

---

[48] Nos referimos a SOUTO GONZÁLEZ, X.M. Las marginaciones personales y la utilidad social del saber escolar. *Memòria científico-técnica*. Facultat de Magisteri. Universitat de València. Ref. AICO/2016/092. Hemos entrevistado a 96 personas: 79 alumnos/as y 17 profesores/as.

nos hemos esforzado en buscar una alternativa a la segregación escolar y social desde un proyecto educativo que ha mostrado la necesidad de modificar el currículo escolar desde la metodología didáctica, desde las prácticas comunicativas en las aulas. El estudio de casos que hemos seleccionado (PDC, PCPI, Menores) quieren mostrar cómo se segrega al alumnado para teóricamente hacer frente al fracaso escolar. Y, al mismo tiempo, queremos mostrar que estos espacios nos permiten albergar la perspectiva de una pedagogía de la esperanza que permita, al menos, recuperar el espacio público educativo como ámbito del ejercicio de la ciudadanía y autonomía crítica. Un proceso complejo y aparentemente contradictorio, pero que ha significado que algunas personas han recuperado la confianza en el sistema escolar.

El trabajo se estructura en dos partes esenciales. La primera de ellas (apartados 1 y 2) aborda la explicación de la diversidad como segregación que se ha ido desarrollando desde los años de la institucionalización de la escuela en España; por razones de espacio lo hemos reducido a los elementos esenciales de finales del siglo XX y décadas iniciales del siglo XXI. Una explicación histórica que nos debe permitir valorar las propuestas de mejora hacia una educación inclusiva (apartados 3 y 4): programas institucionales y acciones del profesorado desde su interpretación de las normas y su experiencia educativa. Finaliza este capítulo, determinado por el género de discurso del informe, con algunas orientaciones y recomendaciones para facilitar medidas que favorezcan la inclusión educativa en los centros escolares.

1. Los números de las diversidades en el sistema escolar

La realidad estadística nos dice que no todas las personas se gradúan por el mismo sistema. Algunas lo hacen por la vía ordinaria, tras superar asignaturas y cursos escolares, otras por programas específicos de segunda oportunidad y otras, incluso años más tarde, a través de la enseñanza de adultos. Sin embargo, otras abandonan el sistema escolar básico y obligatorio sin obtener una titulación. Es un contexto diverso y que es reflejo de la desigualdad cultural que existe en España y que procede de las muchas décadas de ausencia de escolarización en amplias capas de la población[49].

Las estadísticas que conocemos del sistema escolar en España nos muestran una realidad diversa y, sobre todo un conjunto numeroso de alumnado que se aleja del patrón o canon establecido. Por una parte, observamos que el alumnado de 15 años que se gradúa en las enseñanzas básicas (Secundaria Obligatoria) no llega a más de tres cuartas partes del total (75,4% en el curso 2022-23[50]), de tal forma que una cuarta parte acumula retrasos, que se producen en Educación Primaria o en Secundaria. Ciertamente las tasas de idoneidad, la edad que se espera que cursen los estudios regulados, ha mejorado en el último decenio, pero son peores conforme avanza los años de las cohortes de edad.

---

[49] Tenemos que recordar que las cohortes de edad de 14 a 16 años de edad no estaban escolarizadas más que en un 40% en los años setenta del siglo XX y que las tasas de analfabetismo en 1981 (según el Censo del INE) suponían el 57, 74 y 84 por mil en las cohortes de 40-44, 45-49, 50-54 respectivamente.

[50] *Estadística de las Enseñanzas no universitarias*. Curso 2022-2023. S.G. de Estadística y Estudios del Ministerio de Educación, Formación Profesional y Deportes.

Es decir, si tenemos en cuenta los que no se gradúan a la edad esperada, los que abandonan, los que se gradúan en programas específicos y los que tienen que repetir, vemos que hay una gran diversidad. Pero una diferenciación que implica desigualdades para el acceso a otros niveles del sistema escolar y, sobre todo, en la autoestima personal. Se produce una separación que incluso se estimula desde ciertas posiciones políticas. Y ello repercute en una merma de la condición ciudadana para las personas que se sienten fracasadas.

Por eso es preciso analizar estos procesos desde una metodología cualitativa. Los estudios que hemos realizado nos indican que existe una gran diversidad de situaciones en estos programas y que están relacionados, en gran medida, con las decisiones adoptadas en los claustros escolares. Para ello es preciso disponer de un equipo directivo que lidere la interpretación de las normas legales desde una posición de ciudadanía política, como ha mostrado en su Tesis doctoral Vicent Peris (2022) al comparar la situación de centros escolares de Secundaria en la provincia de Valencia.

En este sentido, podemos afirmar que estamos en un sistema escolar que aboca al fracaso a muchos alumnos y alumnas, aquellos que "no quieren o no pueden estudiar"[51]. Por eso no es extraño que la tasa española de abandono temprano de la educación y la formación (que no ha completado la Secundaria) es superior a la media europea. Y dentro de España, la Comunidad Valenciana incluso tiene peores tasas. Una política educativa que conduce a la segregación escolar, como ha señalado la Tesis doctoral de nuestro colega el profesor Juan García

---

[51] Como señala el profesor Escudero (2013;148) ...la construcción social y cultural de riesgo escolar cumple, entre otras, una función de autoprotección por parte del sistema ... proteger al alumnado que sí quiere y puede aprender, de las perturbaciones provocadas por aquellos otros que no están por la labor, que alteran, por lo tanto, el clima, el nivel y el funcionamiento regular de las clases.

(2015), pero que permite al mismo tiempo abrir vías para una educación inclusiva si contamos con mecanismos institucionales y una acción decidida de las personas que configuran un claustro educativo. Son elementos necesarios, pero no suficientes, pues el factor familiar también es un condicionante relevante, como también ha mostrado la investigación doctoral de Vicent Peris (2022).

Para paliar esta situación negativa se han establecidos programas de segunda oportunidad: Programa de Diversificación Curricular (PDC), Programa de Cualificación Profesional Inicial (PCPI) y la Formación Profesional de Adultos (FPA). Estos programas acogen a la cuarta parte de la población escolar en el curso 2013/14 en la Comunidad Valenciana. Cómo reaccionan profesores, alumnos y familias ante estos programas es muy importante para conocer la satisfacción personal y el éxito colectivo para la cohesión social.

La educación inclusiva es un asunto escolar que ha motivado debates y reflexiones académicas con propuestas para las diferentes edades del alumnado y también desde ámbitos específicos, como el de ciencias sociales[52]. Sin embargo, las actuaciones cotidianas en las aulas van ofreciendo nuevos aspectos que no se consideran desde la investigación educativa; por eso, es preciso conocer las representaciones sociales, la forma de concebir esta finalidad, por parte del alumnado y profesorado que ha transitado por los programas antes citados. En este sentido, dedicamos un segundo epígrafe al análisis de las interpretaciones de los sujetos que conviven en las aulas de una situación periférica.

---

[52] Prueba de lo que señalamos es el número monográfico de la revista *Iber. Didáctica de las ciencias sociales, geografía e historia* (número 117) del último trimestre del año 2024, editada por Graó.

2. Las explicaciones subjetivas de las marginaciones

Las personas perciben la segregación social cuando acuden a diferentes espacios escolares: aulas de refuerzo, programas específicos, medidas de Adaptaciones Curriculares…, pero pueden responder ante ellas de forma diferente según sus expectativas y las relaciones comunicativas establecidas en las aulas.

El problema que queremos abordar en este estudio se inscribe en un contexto histórico definido: el aumento del número de personas escolarizadas. En los años sesenta del siglo XX las tasas de escolarización de las cohortes de 13-14 años no alcanzaban a una tercera parte del total (52% y 28% para el curso 1963/64)[53]. Sin embargo, en el curso 1990/91 la escolarización ya alcanzaba a la totalidad de las personas en dichos grupos de edad. Y en el siglo XXI casi toda la población entre 2 y 18 años estaba escolarizada. Eso supone que aumenta la diversidad de las personas que acuden como alumnado a un centro escolar.

Este enorme incremento en la escolarización va acompañado de la construcción de más edificios escolares con las normativas de la Ley General de Educación de 1970 y con la supervisión empresarial de grupos religiosos y laicos. Además, se produce una generalización de la cultura escolar académica, pues los temarios del bachillerato elitista del plan de 1957 se trasladan al ciclo superior de la Educación General Básica (edades entre 11 a 14 años), que se constituía en una referencia educativa para la generalidad del alumnado. Es decir, en los años setenta y ochenta del siglo pasado se produce una eclosión

---

[53] Seguimos el estudio realizado por el profesor Antonio Viñao (2011) sobre la transición de una enseñanza secundaria de elites a una enseñanza secundaria masificada.

de la cultura escolar, que se transmite en sus códigos académicos y en unas aulas construidas para dar cabida a una población diversa, que se organizaba de acuerdo con los intereses familiares, empresariales y a la capacidad del Estado para regular este derecho constitucional. A ello hemos de añadir que en estos momentos se empiezan a difundir unas propuestas pedagógicas que abogan por la enseñanza individualizada en su aprendizaje y una enseñanza comprensiva, si bien el acceso a la profesión se regulaba por el dominio del canon escolar de unos niveles medios idealizados.

Al alumnado se le propone un adiestramiento en las normas de convivencia de los grupos hegemónicos y en una cultura verbal codificada, llena de hechos conceptuales. Los programas de Diversificación no son una solución, pero puede ayudar a algunas personas a corto plazo y supone una oportunidad para investigar sobre la praxis, pues se corresponde con una enseñanza de tipo individualizada, donde cada uno lleva su ritmo y genera, que puede incidir en la dificultad para crear "sentimiento de grupo de aprendizaje". Son desafíos para investigar en la praxis escolar de las periferias.

Mi experiencia personal[54] me dice que al ser un grupo de pocas personas (entre doce y quince) permite un mayor contacto con los padres/madres, lo que puede reforzar la socialización familiar[55]. Facilita una reflexión más seria sobre los procesos de aprendizaje de un adolescente: los que tienen las capacidades poco desarrolladas y los que no tienen ganas de estudiar.

---

[54] Me refiero a mi experiencia en el IES Ballester Gozalvo de Valencia entre 1997 y 2010 como tutor y coordinador de los Programas de Diversificación Curricular.
[55] Las relaciones con las familias no solo consistían en reuniones de tutoría, sino también de tertulias dialógicas, cine-forum y entrevistas con sus vástagos, lo que aumentaba mucho la comunicación personal y familiar, que sin duda influía en el rendimiento escolar.

Desde el ámbito disciplinar desarrolla el intercambio de ideas sobre la enseñanza entre los profesores, en especial entre los del ámbito y entre éstos y otros colegas. El profesorado implicado manifiesta sus reflexiones en relación con la enseñanza realizada:

"Facilita el análisis metodológico, con la posibilidad de extrapolar las conclusiones al claustro. En este sentido, se pueden proponer cambios, como la necesidad de cambiar los contenidos enciclopédicos o rutinarios, buscando otros referentes culturales, relacionando las habilidades escolares con el desarrollo de la autonomía personal, entendiendo la valoración del aprendizaje como algo más que la calificación del alumnado."[56]

Esta manera de percibir la experiencia de la diversidad desde la docencia no es un caso aislado, como hemos conocido en las numerosas entrevistas que hemos realizado en el proyecto de investigación (Souto, García y Fuster, 2018). Con ello mostramos la necesidad de investigar en la praxis escolar; o sea, explicar situaciones y fenómenos en y sobre la propia acción educativa, siguiendo los postulados de J. Elliott (1990). Procuramos limitar los condicionantes de la implicación subjetiva con el análisis de otras situaciones, que se derivan de análisis de casos realizados por otras personas.

En los diferentes casos analizados, lo que observamos es que la percepción intuitiva del espacio escolar condiciona el aprendizaje de este. Podemos concluir que existe una aproximación conceptual a la definición del espacio educativo considerando las experiencias perceptivas (espacios, volúmenes, flujos), las concepciones cartográficas y "objetivas" del espacio y las representaciones vitales e individuales de las personas que construyen dicho medio geográfico.

---

[56] La fuente de estas opiniones es la memoria del curso de PDC del instituto citado en el curso 2000/2001.

Dicha representación del lugar donde se produce el aprendizaje está mediada por las relaciones comunicativas con el profesorado de aula y con los equipos directivos del centro. La obligatoriedad de la enseñanza y la función de custodia personal del alumnado ha determinado que los centros escolares cierren sus puertas y regulen el acceso en las horas lectivas; eso supone una carga emocional que algunas personas entienden como límites a su libertad personal.

Las entrevistas y documentos analizados nos remiten a una deformación del espacio percibido, porque los alumnos esperan que éste se pueda transformar en un lugar donde obtener el Graduado Escolar, mientras que en la percepción del profesorado persiste la idea de cumplir con un currículo establecido. En este sentido hemos de considerar las opiniones del alumnado; así cuando afirman su compromiso:

> "Esta clase no era obligatoria, era voluntaria, si tu querías entrabas, los profesores te daban una oportunidad para sacarte el graduado y si tu querías la aceptabas. Tenías que firmar un documento con unas condiciones que ellos te proponían."[57]

En definitiva, entendemos que la comunicación libre, en el sentido de Habermas, está condicionada por las relaciones de poder del sistema escolar, que condiciona la manera de percibir y deformar el espacio físico.

El estudio de las opiniones recogidas del alumnado nos ha permitido establecer unas categorías conceptuales para avanzar en la investigación, a la vez que completamos este registro con otras técnicas derivadas de métodos de análisis comparativo de las opiniones docentes, de las representaciones sociales respecto al espacio y tiempo escolar, así como de las relaciones entre compañeros

---

[57] La frase entrecomillada pertenece a una parte de las entrevistas realizadas y que hemos comentado en el artículo de Campos, Císcar y Souto (2014).

de clase. El cuadro 1 nos acerca este primer análisis de las percepciones individuales generadas en un contexto social.

Cuadro 1. Categorías conceptuales y técnicas de trabajo utilizadas

Categoría conceptual	Ejemplos de frases del alumnado	Otras técnicas complementarias
Centro escolar y relación con su espacio vivido	En general, el aula era cómoda para poder trabajar en clase… yo la verdad que lo recomiendo porque es más cómodo trabajar en un grupo pequeño de personas que estar en una clase normal y si no entiendes algo, a lo mejor por no preguntar, no preguntas y te quedas con la duda	Uso frecuente de palabras: Aula 62, clase 209 , segregación 1, apartado/a 11, cómodo/a 13, marginación 11
Relación con compañeros/as	"Toda la vida diciéndote eres malo, eres malo y luego el niño acaba comportándose como una persona mala." PV01 "Allí el primer mes se pasa mal, porque se pasa mal, pero ya cuando conoces a esas personas, y ves como son, que te van a ayudar…" PLC03 "E: I sempre te senties un poquet marginat? J: Si. De fet en PQPI els alumnes ens pegaven." PJ06	Dudas iniciales y amistad con el trabajo colaborativo. Identificación con el estigma de "fracasado" y problemas de comportamiento. Conocimiento de los sujetos por parte del centro escolar (Investigación participante)
Relación con los/las docentes	"Recuerdo a mi tutor de PDC, que era con el que mejor nos llevábamos. Porque además era el que mejor explicaba las clases, el que te ayudaba con lo que fuera, si había un problema con cualquier otro profesor íbamos a él. Él lo solucionaba. Era el "nº1" de los profesores". (PG01).	Entrevistas con docentes que nos confirman o matizan los recuerdos los alumnos/as
Asignaturas	"Jo era més de ciències. M´agradaven més les matemàtiques. Les llengües no les portava molt bé". (PJ07).	Contraste con otras investigaciones sobre el curriculum (p.e. Juan García Rubio, 2015)
Utilidad del programa cursado	"A mí me ha roto todos los límites que tenía. Tener el graduado en las manos fue para mí como…no te pongas ningún límite porque lo vas a conseguir. Y me ayudó a meterme a bachillerato. Fue como un empujoncito a tener confianza en mí" (PR03).	Entrevistas profesorado
Expectativas de futuro	"Estudiando derecho. Yo quiero aprender en sí, el derecho, las leyes, saber defenderme, saber lo que está bien, lo que está mal. Lo que se puede hacer, lo que no se puede hacer e intentar montar un negocio, una empresa o algo de eso. No ser abogado". (PJ04).	Biografía escolar y consulta de memorias de diversificación curricular y PCPI

Condicionantes familiares	"A ver mi madre, como todas, quería que hiciese 4º ESO "normal" pero yo le dije que prefería ir al PDC sacármelo bien, y luego ir a un ciclo formativo. Y así fue" (PICO2).	Datos familiares de ingresos económicos y condiciones culturales

Fuente: Souto, García y Fuster, 2018; 60

Podemos aventurar una interpretación de los obstáculos que perciben las personas que acuden como alumnos a los centros escolares en tres categorías, tal como han realizado los profesores García y Peris (2024) en una síntesis sobre el aprendizaje del alumnado en el contexto de la diversidad en programas de segunda oportunidad (cuadro 2). Son factores que explican las dificultades para aprender unos contenidos culturales que se le ofrecen desde las instituciones educativas.

Cuadro 2. Factores sociales, escolares y personales que influyen en el aprendizaje escolar

INTEGRACIÓN SOCIAL	CULTURA ESCOLAR	RELACIONES PERSONALES
N1- (mi madre) me tuvo un año en Ecuador y ya emigró aquí a España, a trabajar y estuvo aquí quince años o catorce años hasta que yo vengo (...) quería volverme a mi país (el alumno) y estaba ahí con un problema con mi madre.	N4- Si el alumno no sabe, pero tampoco quiere, por mucho que el profesor quiera no vas a poder. Pues es la facilidad o el querer, lo que yo sobre todo tenía.	N6- Por culpa de la profesora, porque todos los de la clase teníamos el problema de que no nos entendíamos (...) ella tenía un nivel de hablar o contar a gente adulta. ¿Sabes lo que quiero decirte?
N2- No, mis padres están en Marruecos (...) Vivo solo, pero tengo familia, un tío aquí.	N5- No estaba aprendiendo nada, unas notas muy malas, no tenía hambre de estudiar porque no se relacionaba casi nadie conmigo y eso.	N7- si yo veo que el maestro intenta que lo comprenda y que llegue al aprobado (...) esto te hace mucho porque tú vas en ganas y vas a intentar llegar donde él me ha dicho.
N3- tenía muchos problemas en casa y no acababa de centrarme en mi vida y no tenía tiempo para estudiar. No estaba motivado, no quería aprender, no me sentía yo como ganas de ir al instituto, quería estar en la calle.		N8- Que tenga el maestro más interés que tú en que te lo quites (superes la materia), en que el día de mañana seas algo.

Fuente: García y Peris, 2024

172

Si abandonamos la dialéctica dicotómica que nos obliga a rechazar una de las hipótesis y abrazar ciegamente la contraria podemos encontrar un camino que nos permita avanzar en peldaños que caminan hacia la educación inclusiva. Una escalera inestable que se construye con las decisiones institucionales y la voluntad de acción de los claustros educativos, como queremos mostrar en los dos siguientes capítulos.

3. Las instituciones y el currículo escolar

La Ley Orgánica del Derecho a la Educación (LODE) de 1985 establecía la colaboración entre administraciones educativas y centros privados con el objetivo de establecer una red conjunta de centros públicos y privados concertados que garantizaran el derecho a la educación de todos. Pero ello supuso que el ideario de centro estaba controlado por los empresarios propietarios de los edificios de los centros escolares, mientras que en la escuela de titularidad pública la desconfianza en las normas administrativas y el predominio de una concepción educativa de la libertad de cátedra como posibilidad de ejercer la profesión sin cortapisas, lastraba la confección de Proyectos Educativos de Centro (PEC) que fueran más allá de la declaración de intenciones.

Con todo, hemos conocido situaciones en las cuales se han desarrollado programas de innovación para mejorar la diversidad[58] y publicaciones que orientaban sobre contenidos y metodologías en el ámbito lingüístico y social (Madalena y Zayas, 1995). Igualmente sabemos de proyectos educativos que se

---

[58] Una visión sintética para seis Comunidades Autónomas se puede ver en Luna et al., 2000

han organizado colectivamente en el programa Capgirem l'ESO[59], que ha buscado definir planes de centro escolar para hacer frente a los problemas que aparecían en su alumnado. Unas propuestas que tuvieron eco en las administraciones públicas, pero que provocó un debate entre profesionales docentes que revelaba el componente político y subjetivo de esta profesión.

Para ejemplificar algunos problemas que aparecieron en estos programas institucionales vamos a utilizar las memorias anuales del Programa de Diversificación Curricular (PDC) del Instituto Ballester Gozalvo de Valencia, valorando como positivos y negativos las sensaciones transmitidas en las juntas de evaluación y en las sesiones de tutorías, donde docentes y alumnos juzgaban sus decisiones y comportamientos.

Cuadro 3: Valoración realizada en las aulas de la Diversificación Curricular

Aspectos positivos	Aspectos negativos
El ambiente de clase y del instituto en relación con ellos ha sido muy positivo.	Motivos personales: poco esfuerzo y ausencia de motivación
Les ha permitido conocerse mejor como personas.	En algún caso problemas de personalidad e inteligencia.
Ambiente de mucha solidaridad y compañerismo entre ellos. En general, una buena relación con las familias por su implicación y compromiso de ayuda a sus hijos.	El apoyo familiar ha sido notable en algunos casos, pero en otros la comunicación con las familias ha sido escaso
Valoran los alumnos muy positivamente las relaciones personales entre profesores y alumnos.	Ha habido algunos casos muy puntuales de conflictividad entre los intereses del alumnado y profesorado
Han aprendido una forma de trabajo que les servirá en un futuro	Los profesores y ellos mismos no están satisfechos con los resultados obtenidos, pues han trabajado menos de lo esperado.
Durante todo el curso los alumnos han velado por el cuidado de las instalaciones, consiguiendo tener el aula siempre limpia y ordenada.	En la asignatura de "Estudio Asistido", que era el martes por la tarde, algunos alumnos han faltado reiteradamente y se ha informado a las familias.

---

[59] https://sites.google.com/view/capgirem/centres-capgirem/centres?authuser=0 con relación de centros escolares que participaron en dicho proceso.

174

Fuente: Memoria 2009/10 de PDC del IES Ballester Gozalvo

Además de la valoración del trabajo de aula se apreciaba una gran satisfacción por las actividades extraescolares, en especial la sesión pública organizada en los últimos días del curso (mes de junio) en la que, de forma solemne, con la asistencia de diversos miembros de la Junta de Evaluación, familiares y Equipo Directivo, los alumnos tenían que exponer su trayectoria y esfuerzo personal realizado durante el curso con ayuda de un power point que habían realizado. Hemos podido apreciar que las valoraciones positivas y negativas desparecen en el momento que se desarrolla una nueva acción que provoca no solo un aprendizaje conceptual, sino también emocional de autoconfianza y de empatía con el esfuerzo desarrollado por otras personas. Con este tipo de actividades pudimos mostrar que era posible otra valoración del aprendizaje y, además, se proponían acciones de mejora para las actividades de aula y las conocidas como actividades extraescolares.

Las figuras 1 y 2 nos sintetizan la cantidad de variables que aparecen en el diseño de un espacio escolar para acoger la diversidad y, al mismo tiempo, cómo puede presentarse este espacio como una amenaza, como un control de la personalidad humana. Por eso, un equipo directivo necesita impulsar un proyecto educativo que contemple la diversidad del alumnado como una situación cotidiana, para la que se tienen que buscar estrategias de funcionamiento.

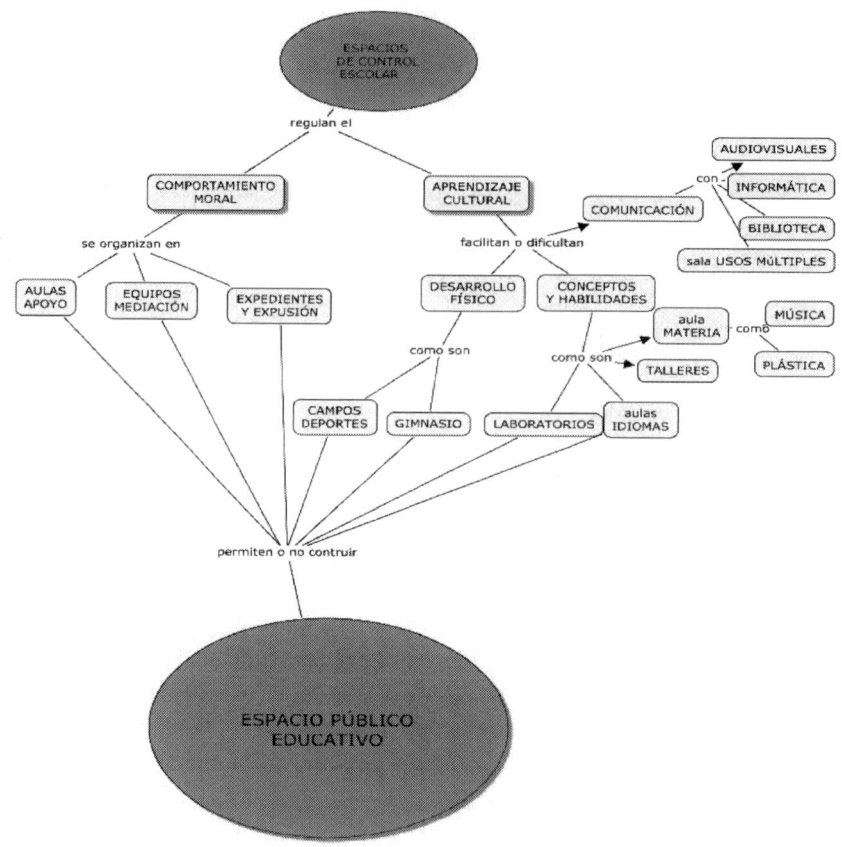

Figura 1. Espacios de control escolar

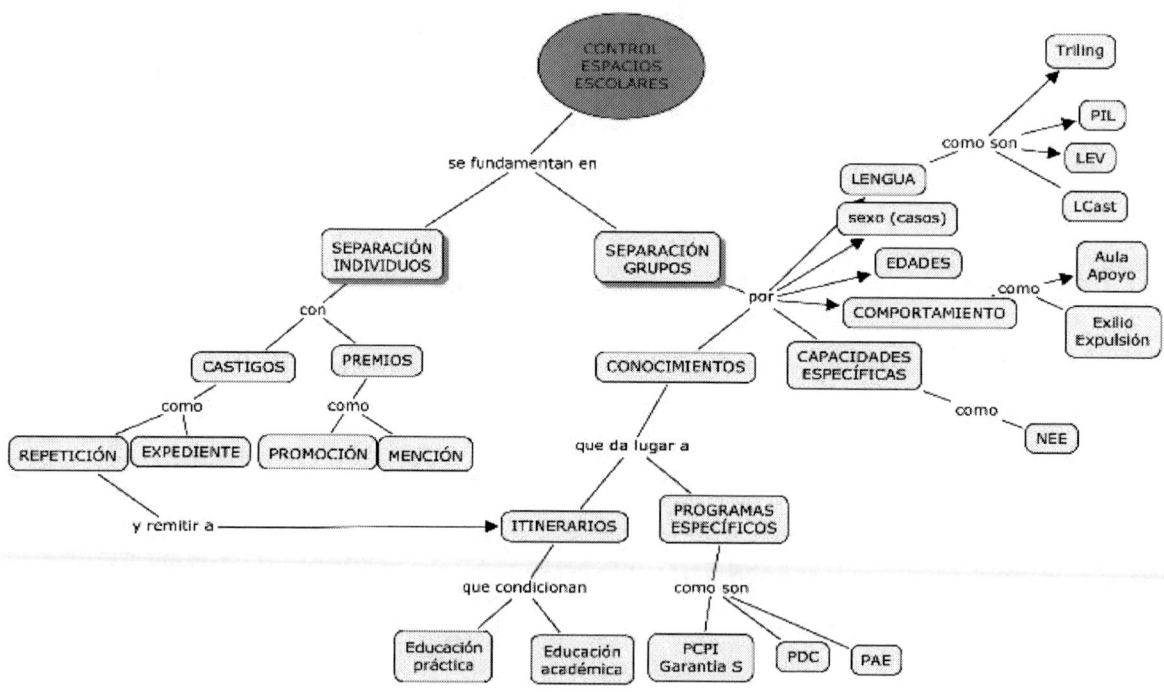

Figura 2. Estrategias de segregación

Fuente: Elaboración propia.

La introducción de nuevas jergas educativas (aprendizaje significativo, constructivismo, competencias educativas) se debatían en reuniones docentes para ver cómo se podían desarrollar en un contexto escolar concreto, que se caracterizaba por la complejidad de espacios y su control, como hemos visto en las figuras 1 y 2. El caso de las competencias lo desarrollamos con actividades específicas en clase del Ámbito Lingüístico y Social, pues pretendíamos interpretar las normativas legislativas desde la cotidianidad de las personas que ocupaban las aulas del PDC:

Cuadro 4: Programación educativa del Programa de Diversificación Curricular 2010/11

COMPETEN-CIAS	Objetivo inicial	DESARROLLO PARCIAL	NULO DESARROLLO
Lingüística	Análisis documentos. Realizar las síntesis y cuestionarse los estereotipos en U.D. Ciudadanía, Escuela	Hemos trabajado mucho con documentos y debates sobre los derechos y libertades públicas. Faltó un mayor análisis de noticias actuales sobre la escuela y los derechos	Hemos realizado las encuestas iniciales, pero hemos profundizado poco, pues los datos obtenidos no eran suficientes.
Matemática	Estudio de porcentajes de producción industrial, índices sociales en U.D. Progreso Técnico	Hemos realizado algunos ejes cronológicos, lo que nos ha permitido averiguar los errores técnicos. Podemos trabajar más en coordinación con el otro ámbito.	No hemos trabajado con gráficos diversos y con datos de números relativos (base 100)
Interacción con el Medio Físico	Análisis de las condiciones del Progreso Técnico	Hemos trabajado en contacto con el Ámbito Práctico (Historia de la Tecnología), pero faltó profundizar	Faltó un análisis de los tres ámbitos sobre un problema concreto de contaminación ambiental
Tratamiento de la Información y TIC	Buscar Información en Internet, en otros medios y en entrevistas en U.D. Webquest de derechos Ciudadanos.	Hemos trabajado con fuentes de internet en el aula de Informática (una sesión semanal). Faltó una ficha semejante a la webquest para todos los temas	No han llegado a cuestionarse la manipulación de los medios. Sólo lo han visto en las noticias de las elecciones europeas
Social y Ciudadana	En la U.D. sobre nacionalismos y Ciudadanía. En las tertulias literarias	Han sabido apreciar con diferentes "ojos" la colonización americana, asiática y africana.	Nos faltó precisar las desigualdades ante el mundo

			del trabajo en su barrio. Proyecto para el próximo año
Expresión Cultural y Artística	En la U.D. sobre las vanguardias y en estudio de la poesía del siglo XX	No han entendido las metáforas de Pablo Neruda, pero sí lo que pretendía con las canciones de amor	El análisis de las películas y de las poesías les acercó al análisis de otras maneras de expresión
Aprender a aprender	En todas las U.D.	No han alcanzado una autonomía para organizar su vocabulario conceptual y los esquemas	Debemos trabajar más con mapas conceptuales
Autonomía e iniciativa personal	Progresivamente en todas las U.D. y en el uso de la lengua	Ha fallado la relación con las asociaciones del barrio. Al final han logrado autonomía para preparar sus proyectos de fin de curso (power point)	Falta trabajar en grupo para desarrollar la cooperación entre ellos

Fuente: elaboración propia sobre programación de PDC de Ballester Gonzalvo

Ello supuso el esfuerzo de modificar el currículo escolar, para relacionar las materias de Castellano, Valencià y Geografía e Historia. Se desarrollaron tertulias literarias para fomentar la participación del alumnado con sus puntos de vista sobre las lecturas realizadas[60], con objeto de relacionar estas impresiones con los contenidos de Historia, en especial las guerras y la eclosión del autoritarismo nazi, con los problemas de la adolescencia en el mundo de consumo, con la creatividad poética y con el análisis de los problemas interculturales. Pero, al mismo tiempo, analizamos léxico, ortografía, gramática y hemos elaborado muchas redacciones, para que las personas se acostumbraran a expresar

---

[60] Por ejemplo, en el curso escolar 2009/10, que utilizamos de ejemplo se habían leído cuatro libros: *El Niño con el pijama de rayas*, *Campos de Fresas*; *La perla*; *Veinte poemas de amor*. Todas estas lecturas daban lugar a tertulias literarias con intervención oral de todas y cada una de las personas.

178

sus emociones. Por eso mismo utilizamos materiales relacionados con un currículo alternativo de Geografía e Historia[61].

Sin embargo, no todo fueron aciertos y actitudes positivas. También hay que aprender de los errores cometidos por los deseos de mejorar. Habíamos apostado por un cambio de contenidos y, sobre todo, de metodología didáctica, que condujera a un aprendizaje autónomo sin perder el rigor de la argumentación conceptual. Por ejemplo, en la valoración del material curricular de Historia indicábamos en la Memoria final:

> "tuvimos que adoptar soluciones de uso flexible: por ejemplo, suprimir algunos documentos complicados y cambiar el sentido de ejercicios, pues no comprendían el enunciado. Cada vez que ponía una tarea para casa (o sea, todos los días) debía explicar con precisión qué era lo que debían hacer. De esta manera hemos podido trabajar las cuatro unidades del libro. En el cuaderno del verano se ofrece un ejemplo de selección de tareas"[62].

Los métodos de trabajo eran variados, con análisis de documentos, debates sobre lecturas de libros, películas que habíamos visto en las aulas, conclusiones de las visitas realizadas a Museos o lugares emblemáticos de algunas ciudades. Igualmente, en conexión con el profesor de informática trabajamos con webquest sobre derechos humanos, así como buscando información cartográfica, estadística y documental de países y Comunidades Autónomas. Unas herramientas informáticas que nos permitía confeccionar la síntesis en *power point* para presentar la valoración del aprendizaje realizado en la sesión conjunta con las autoridades del centro escolar y sus familias, como se ha dicho en líneas anteriores. Incluso aspectos de ortografía y vocabulario se realizaron

---

[61] Utilizamos los materiales del proyecto Gea-Clío con Unidades Didácticas como ciudadanía y libertades y Progreso Técnico y Desarrollo social, donde eexplicamos el pasado como una situación que nos permite comprender el presente.

[62] En cada curso escolar se elaboraba una memoria de los ámbitos y tutoría del grupo.

combinando su estudio con actividades lúdicas. Como se puede apreciar existía una amalgama de instrumentos y métodos que estaban organizados sobre una metodología didáctica que, a nuestro juicio, favorecía la elaboración de un discurso crítico ciudadano. Y, además, generaba la satisfacción del aprendizaje individual, como señalaba el alumnado y que hemos recogido en diferentes entrevistas.

Esta manera de concebir la didáctica del ámbito lingüístico y social dentro de la diversidad del alumnado de Secundaria Obligatoria implicaba la adopción de propuestas de mejora. En especial, nos ha preocupado la manera de integrar los conocimientos académicos, como gramática, para mejorar la expresión de sus sentimientos; o la elaboración de un vocabulario conceptual para usar con precisión los términos y vocablos que definían una situación histórica o un paisaje geográfico. Además, hemos podido valorar el uso del aula de informática, para que trabajen mejor con las fuentes de información, pues tienen dificultades de comprensión sobre ciertos conceptos, lo cual desconocen y aceptan de manera acrítica cualquier fuente de información.

Una metodología que no se puede desarrollar al margen de las relaciones sociales que se fraguan en los centros escolar. Los espacios del PDC nacen en los años noventa como un proyecto de innovación que está muy ligado a una propuesta de transformación del currículo escolar. Es preciso recordar esta circunstancia histórica para poder analizar los resultados, pues las concepciones docentes innovadoras estaban teñidas de una esperanza en mejorar la educación para transformar la sociedad. Unas ideas que se fraguaban en un contexto político determinado: la transición de una dictadura a una democracia, con lo que eso suponía para la identidad personal docente.

4. Las propuestas de una inclusión educativa desde el aula y centro escolar

En el contexto histórico del segundo decenio del siglo XXI esta idea de esperanza transformadora empieza a quebrarse. Como siempre, son las personas más vulnerables quienes aprecian antes los cambios. Es el caso del alumnado, que veía que se le prometía más autonomía para decidir las reglas de funcionamiento del centro escolar y no lo observaba en las prácticas cotidianas.

La gran mayoría del alumnado entrevistado coincide pues con aquello expresado por el alumno nº 17[63] cuando afirma que

> *al centre li falta més llibertat. I més decorat perquè pareix una carcel. Menos formigó i mes de decoració perquè esta tot mal. I lo mes important que el fagen be, perquè asi entre al insti, i pa aplegar a la nostra classe pases per el mig del pati i si plou el vanyes."*

La falta de color o de un cartel que identifique el centro de manera más gráfica, pero, sobre todo, la presencia de mayor libertad, son consideradas cualidades que identifican un centro educativo. Sin duda, el tema de la libertad el que más preocupa: lugares donde no se puede estar, que no se puede pasar, cosas que no se pueden hacer, etc. Un alumno del PDC, el nº 31 afirma que, *"per si açò fora poc, els mestres són molt estrictes i per això no tenim gust de vindre"*. Algún otro, el nº 9, llega incluso más lejos al afirmar que

---

[63] Estos números se corresponden con las identidades que hemos otorgado a las personas entrevistadas para poder resguardar su privacidad.

"no nos dejan pasar por los pasillos para ir a la cafetería, ni a las clases, no podemos quedarnos en los pasillos a la hora del patio ni aunque este lloviendo, cosa que esta instituto esta to abierto i te mojas todos. Y los profesores tranquilamente en la sala"[64].

No es solamente pues una cuestión de prohibiciones sino también de agravios comparativos. Si ofrecemos derechos al alumnado, una cultura de la reivindicación, pero no ejercitamos los mismos en una toma de decisiones que implique la valoración de comportamientos y actitudes de todas las personas que se relacionan en un centro escolar, podemos generar una frustración personal que deriva en indisciplina y apatía por la cultura escolar. Por eso la metodología didáctica debe encuadrarse en un currículo escolar, donde la comunicación de aula y centro sea un elemento básico.

Ello supone que el alumnado desarrolla unas maneras de comportarse ("en su cuerpo y espíritu") que se trasladan a las calificaciones escolares y en los elementos básicos que dispone para generar dicha cultura (libros, conversaciones familiares, revistas, acceso a internet, bibliotecas…); en este sentido, es preciso que la sienta como parte integrante de su propia personalidad. Para salir de este círculo cerrado es indispensable aumentar la autoestima de las personas por su acceso a la ciudadanía y ello se corresponde con una manera diferente de presentar la cultura escolar. Una propuesta que ya ha sido formulada hace años por Dewey, Amigó, Freire o Gelpi en diferentes contextos y con distintos planteamientos morales.

Las referencias a estos autores no son solo nominativas, referentes de lecturas, sino que ellos nos han proporcionado una base teórica para poder analizar los

---

[64] Estas frases proceden de las entrevistas realizadas en el proyecto de investigación y en la praxis escolar. Se puede ver un mayor detalle y precisión en los artículos citados en la bibliografía.

casos prácticos que estábamos descubriendo en las entrevistas. Y, además, porque en todos los casos hemos desarrollado seminarios de debate sobre sus aportaciones educativas.

En este contexto social, nos obligamos a buscar factores sociales que explican el absentismo y las repeticiones de curso, que son la antesala del fracaso y abandono escolar. La teorización sobre las personas que viven esta situación de marginalidad social ocupa gran parte de las energías de quienes comparten los ideales de justicia social y acceso universal a la educación. Dentro de las numerosas referencias que podemos encontrar sobre las relaciones entre los ideales utópicos y la educación hemos seleccionado cuatro autores que nos servirán de hilo conductor a nuestros objetivos, en especial aquel que dice que la educación escolar permite desarrollar la autonomía de criterio y el desarrollo de la personalidad.

Para hacer frente a la brecha social y cultural, las personas que hemos trabajado en la educación formal y no formal nos hemos esforzado por generar proyectos educativos inclusivos, con la ilusión de integrar a las personas diferentes en un modelo social ciudadano. Y así nos hemos encontrado con los antecedentes de personas que en otras latitudes y continentes habían formulado una utopía cotidiana semejante. Reivindicar la utopía de la educación inclusiva supone afrontar la educación como un espacio público donde es posible argumentar para convencer a otras personas[65].

---

[65] Esta preocupación por las utopías educativas está presente en nuestros programas de investigación desde la geografía. Ver De Miguel, Claudino y Souto, 2016.

183

Los alumnos y alumnas de los programas analizados son personas que han sido subordinados por el sistema escolar, pero sugerimos que siempre existe un resquicio para la ilusión de la emancipación personal respecto a las cadenas de la cultura hegemónica, que les ata a una posición marginal. Nos movemos así conscientemente entre los límites estructurales del desarrollo de unos derechos que proceden de la utopía ciudadana universal y las posibilidades individuales de alcanzarlos y potenciarlos.

John Dewey (1995) formula su utopía educativa entendiendo que el Estado tenía un papel fundamental en la educación, pues proponía modelos desde leyes y costumbres. Para él la escuela era la institución de la sociedad en la que se hacía posible la educación para la democracia, pues presuponía que la tarea educativa consistía en proporcionar experiencias educativas que resultaran positivas para el desarrollo del individuo.

Sin embargo, entendemos que, a pesar de lo planteado hasta ahora, las propuestas pragmatistas americanas no son suficientes para solventar los problemas de las desigualdades sociales y las marginaciones del sistema escolar. Por eso hemos buscado otros modelos, como son las figuras de Luis Amigó y Paulo Freire, que proponen unas nuevas utopías para las personas que están marginadas por la cultura hegemónica que defendía el Estado de la burguesía ilustrada.

En un caso Luis Amigó (González y Vives, 1986) que, desde unos presupuestos de moral católica, propone redimir a los "parias" de la sociedad, para lo cual construye una obra dedicada fundamentalmente a la infancia y juventud abandonada y delincuente. El objetivo de atender al desarrollo integral del menor es evidente en las actividades educativas que no sólo pretenden la modificación del comportamiento que requerían los menores. Se puede constatar por la dirección en los centros de reeducación y fundaciones de los "Amigonianos".

Paulo Freire (2014) desarrolla la utopía de la esperanza educativa de quienes estaban ocultos por una educación "bancaria". A partir de su propia experiencia como educador, desde finales de la década de los 40 del pasado siglo, Freire va madurando sus planteamientos pedagógicos. Durante prácticamente veinte años, y hasta que la dictadura militar brasileña fuerza su salida del país en 1964, Freire se sumerge por completo en el trabajo educativo con los más desfavorecidos, en el nordeste brasileño. Freire identifica la educación "bancaria" con el modelo educativo tradicional, en el que el docente es la fuente de saber y en el que el alumno no es más que el mero recipiente destinado a acoger acríticamente el conocimiento vertido en él.

Las propuestas de E. Gelpi (2005), en especial por su relevante trabajo en el seno de la UNESCO, representan el inconformismo y la impugnación de la retórica de las instituciones occidentales (OCDE, UE) en la presentación de la formación permanente y las competencias educativas como panacea contra las desigualdades, presentando así una falsa imagen de la igualdad de oportunidades. Respecto a nuestro interés, la figura de E. Gelpi es esencial para cuestionar la teoría de las competencias educativas y la formación permanente como ideal de igualdad de oportunidades.

Para poder ser operativos en nuestra labor argumentativa hemos clasificado las opiniones subjetivas en categorías conceptuales. Hemos destacado en este caso tres: en un primer caso la percepción de discriminación por parte de sus iguales (otros alumnos), después el hecho de verse marginados, o no, por sus profesores; finalmente, la comprensión o rechazo de la cultura que se le ofrece desde el sistema escolar.

Cuadro 5: Categorías conceptuales de las opiniones del alumnado sobre cultura escolar y autonomía personal

Personas	Discriminación por sus compañeros	Discriminación por sus profesores	Incomprensión de la cultura escolar
Delia	...allí nos hacíamos más piña, nos conocíamos todos mejor... Y además cuando nos juntábamos con la clase normal nos acogían bien, hacíamos gimnasia, hacíamos otras asignaturas y nos juntábamos y perfectamente.	...de los de diversificación sí tengo muy buenos recuerdos. Además, mi madre me lo dice... yo creo que las personas que estamos en diversificación nos distraemos mucho y si no están encima...Es preocupación.	Hace muchos años ya... pero recuerdo que todos los libros -antes nos mandaban muchos libros para leer y yo nunca me había leído ninguno- y estos me interesaron todos desde el principio y es una cosa que me llamaba mucho la atención.
Esther	Teníamos asignaturas en común y yo para nada me sentía menos que ellos. Tampoco me sentía más, pero tampoco menos.	Me decían:"por mucho que te esfuerces tampoco creo que vayas a conseguir muchos objetivos", y yo creo que sí los he conseguido, porque estar estudiando una carrera universitaria Pues... más pendientes porque creían en la capacidad de las personas.	Fue como un empuje para poderme sacar el título, que estaba un poco perdida, los años de la adolescencia...Y este programa me dio la oportunidad de tener el título, con el que pude prepararme a la prueba de acceso a Grado Superior, la superé.
Leonor	Porque tú, ¿ibas con ganas? Sí. Y siempre me decían que diversificación no valía para nada...La clase era más reducida y eso me ayudaba mucho porque yo no puedo estar en clases tan...	En Diversificación estaban más atentos a nosotros y en la clase normal pues veía al profesor muy agobiado... pues están más atentos, ...te apoyan más, y así y ya está, la verdad.	La forma que teníamos al trabajar en las ciencias sociales de resolver los problemas, que no era aprender de memoria sino aplicar los conceptos a un caso en particular.
Cintia	i als del PDC ens deien –bé nosaltres tres- us passarem una llista de possibles llocs i no ens van passar llista....no comptaren amb els nostres vots...no res! I en les excursions ..psssf..	i ens digueren que els del PDC no podien entrar i no ens van deixar entrar, no. Però si érem nosaltres tres! Si hagueres dit que hi havia algun xicon...	jajjajajaj Els rius i els mapes d'Espanya...jajjajaja CC: Perquè ens costava molt.... perquè això ho dones en primer de Primària i ja no ho dones més i jo no me'n recordava de res..

Joan	Es sentien superiors Nosaltres...amb els mestres bé....però és que hi havia gent que si que...	Prou bons. Ens han ajudat prou.	De fitxes amb fitxes. a l'hora d'estudiar és més fàcil Jo si...perquè és una manera prou fàcil de treure't el graduat
Gerard	Si. Home...apart també ho notes...i a més els mestres també...amb els comentaris dels mestres també ho notes, No...al PQPI no teníem cap en comú Home,...venia un negre a la classe i com sempre el tenien més sobrevalorat, nosaltres...	És que hi ha mestres que si els dius la veritat et fan el contrari perquè no volen perdre la raó... Si...comentaris com ara "estos són els del PQPI", i passava alguna cosa a l'altra part de l'institut i enseguida, els primers que venien a buscar érem els del PQPI i nosaltres, molt sovint, ni havíem passat per allí.	Jo crec que no ...que jo concretament no tindria res i ni estaria fent res...ni cicles ni res.. Era allò més entretingut perquè sempre estavem fent mapes, o ens donaven una "lectureta".... i la Geografia doncs era fer pràctiques i encara que en els exàmens "apretaren" més però a mi no em resultava difícil
Fátima	¿Cuál fue tu sensación cuando llegaste aquí? Me costó, la verdad. Me costó mucho. Todo me parecía muy raro. No entendía nada... El idioma es muy importante.	A ver, como explicarlo... Allí los profesores te mandan trabajos, explican lo que tienen que explicar y ya está. O sea, muy cerrados. No como aquí. Aquí son más abiertos, hablan contigo... ¿Me explico? Por los profesores...	Los mapas. Aún tengo en casa aquellos grandes que hacíamos... De la Segunda Guerra Mundial, de lo de Franco, la Guerra Civil, de lo que pasó con los judíos, la Constitución Española... De muchas cosas.
Rocío	La gente de aquí que vaya a estudiar a otro centro verán que aquí nos tratan super-bien, y en otros centros vamos a ser sólo un nombre y apellido y no personas que nos tengan cariño, como aquí.	Que los profesores nos han tenido un cariño enorme, nos han ayudado un montón. Los profesores de aquí son excepcionales, y, nada. Yo muchas veces pensaba: ¡si no tiene libro! ¿De dónde saca tanta cosa? Y me encantaba tu asignatura.	¡Los mapas! Los mapas era lo que más me divertía. Ciudadanía también me acuerdo mucho... Me acuerdo cuando teníamos que buscar en la Constitución Española, El otro día vi la Constitución Española y dije ¡madre mía, esto es de Arnaldo!

Fuente: Elaboración propia a partir de Souto et al., 2018.

5. Diversidades y desigualdades: una dialéctica social

El discurso mantenido hasta el momento ha pretendido mostrar que la educación inclusiva ha sido una meta en los grupos de innovación educativa, o al menos los que formamos parte de Fedicaria, en el que se integró Gea-Clío en los años finales del siglo XX. Las estadísticas del Ministerio de Educación nos mostraron la diversidad de acceder al graduado de la enseñanza básica, pero también un número significativo que abandonaba los estudios. Eso nos hizo cuestionarnos las representaciones sociales que condicionan la toma de decisión de docentes y alumnos en su tránsito por programas de segunda oportunidad.

Dicha percepción se relacionaba con la interpretación de las normas institucionales; la legislación educativa generó muchas jergas abstractas, pero también permitió poner en marcha algunas experiencias con el apoyo de los claustros docentes. Algunas experiencias conocidas nos han mostrado la posibilidad de mejorar la comunicación educativa, fortalecer la autoestima de las personas y construir un conocimiento crítico ciudadano.

Bajo la apariencia de las palabras están las emociones y afectos de las personas, el desarrollo pleno de la personalidad que afecta a la comunicación intersubjetiva. Y aquí podemos calibrar la incidencia de las utopías en la cohesión social. A lo largo de las páginas precedentes hemos tratado de mostrar que los testimonios de las personas que han pasado por programas de la periferia escolar nos indican que las utopías educativas son un buen referente para organizar un programa de actividades que genere la esperanza de una ciudadanía de sujetos que pueden decidir sobre su futuro.

Referencias

CAMPO, Benito; LÓPEZ, Pedro (2018). Repensar el desalojo escolar de los menores y las alternativas a la enseñanza de las ciencias sociales. En: PERIS, Vicent; PARRA, David; SOUTO, Xosé Manuel (Coords.). *Repensamos la geografía e historia para la educación democrática.* Valencia: Nau Llibres, 2018. p. 157-169.

CAMPO PAÍS, Benito; CISCAR VERCHER, Josep y SOUTO GONZÁLEZ, Xosé M. Las periferias escolares, *Scripta Nova. Revista Electrónica de Geografía y Ciencias sociales.* [En línea]. Barcelona: Universidad de Barcelona, 1 de diciembre de 2014, vol XVIII, nº 494 (07). < http://www.ub.edu/geocrit/sn/sn-496/496-07.pdf> .

DE MIGUEL, R., CLAUDINO, S., & SOUTO, X. M. La Utopía de la Educación Geográfica en las Declaraciones Internacionales de la UGI. In *Actas de XIV Coloquio Internacional de Geocrítica. Las utopías y la construcción de la sociedad del futuro.* Barcelona, 2–7 de mayo de 2016. http://www.ub.edu/geocrit/xiv-coloquio/deMiguelClaudinoSouto.pdf

DEWEY, John. *Democracia y Educación*, Madrid: Editorial Morata, 1995.

ELLIOTT, John (1990) *La investigación-acción en educación*, Madrid: Morata (hay varias ediciones).

ESCUDERO, Juan Manuel. Realidades y respuestas a la exclusión educativa. En:ESCUDERO, Juan M; SÁEZ, Juan (Coords.). *Exclusión social, exclusión educativa.* Murcia: DM/ICE, Universidad de Murcia, 2006.

ESCUDERO MUÑOZ, J. M. (coordinador); GONZÁLEZ GONZÁLEZ, Mª T.; MORENO GARRIDO, M.; NIETO CANO, J.M.; PORTELA PRUAÑO, A. *Estudiantes en riesgo, centros escolares de riesgo: respuestas educativas al alumnado en situación de vulnerabilidad.* Murcia: DM Editor, 2013. 449 páginas.

FREIRE, Paulo. *Pedagogy of Hope: Reliving Pedagogy of the Oppressed.* New York: Bloomsbury Academic, 2014 (1ª ed. en portugués, 1992).

GARCÍA MONTEAGUDO, Diego; GARCÍA RUBIO, Juan; CAMPO PAIS, Benito. El derecho a la educación en las periferias escolares: representaciones sociales de la población escolar en Valencia *RIDH | Bauru*, v. 6, n. 2, p. 67-86, jul./dez., 2018. (11) https://www.researchgate.net/publication/348309938_El_derecho_a_la_educacion_en_las_periferias_escolaresrepresentaciones_sociales_de_la_poblacion_escolar_en_Valencia

GARCÍA-RUBIO, Juan. (2015). *El fracaso escolar desde la perspectiva de la exclusión educativa. El curriculum prescrito del PDC y del PCPI en la Comunidad Valenciana* (Tesis de doctorado). Universitat de València. Disponible en: http://roderic.uv.es/handle/10550/45838

GELPI, Ettore. *Educación permanente. La dialéctica entre opresión y liberación*, Xàtiva: Ediciones del CREC, 2005.

GONZÁLEZ, Agripino; VIVES, José A. *Obras completas, Monseñor Luis Amigó y Ferrer. Exhortaciones Pastorales 1909*. Madrid: Editorial Católica, 1986.

LUNA ARCOS, Francisco; MAYÓS, Conxita; GIL BERMEJO, Ignacio; SERNA, Isabel; HERRANZ ÁVALOS, María Ángeles; MADALENA CALVO, José Ignacio; JIMÉNEZ ABAD, Andrés. Programas de diversificación curricular: propuestas para seis comunidades, *Cuadernos de pedagogía*. 2000, n. 293, julio-agosto; p. 28-36.

MADALENA CALVO, José Ignacio; ZAYAS HERNANDO, Felipe. *Programa de diversificación curricular, ámbito lingüístico-social*, Valencia. Generalitat Valenciana, 1995. 404 páginas.

PERIS DE SALES, Vicent. La cultura escolar familiar. Les famílies i les seues representacions com obstacle a la transformació de la pràctica educativa, En PERIS DE SALES, V.; PARRA MONSERRAT, D.; SOUTO GONZÁLEZ, Xosé M. *Repensamos la Geografía e Historia para la educación democrática*, Valencia: Nau Llibres, 2018, p.117-129.

PERIS DE SALES, V. J. *La cultura escolar familiar i l'aprenentatge dels problemes socials*. Tesis doctoral. València: Universitat de València, 2022. URI: https://hdl.handle.net/10550/82193

SOUTO GONZÁLEZ, Xosé M.; CAMPO PAIS, Benito; CÍSCAR VERCHER, Josep; MIRA LÓPEZ, Arnaldo. Periferias escolares y derechos ciudadanos: entre las ideologías y las utopías, *XIV Coloquio Internacional de Geocrítica. Las utopías y la construcción de la sociedad del futuro*, Barcelona, 2-7 de mayo de 2016. Geocrítica, Univ. Barcelona. https://www.ub.edu/geocrit/xiv-coloquio/SoutoCampoCiscarMira.pdf

SOUTO GONZÁLEZ, Xosé M.; CAMPO PAÍS, Benito; CÍSCAR VERCHER, Josep; MIRA PÉREZ, Arnaldo. La Construcción del espacio escolar y las marginaciones personales *Revista Científica Faculdade de Balsas* V. 9, n. 1, 2018, p. 89-113.

SOUTO GONZÁLEZ, Xosé M.; GARCÍA MONTEAGUDO, Diego, Fuster García, Carlos Una propuesta metodológica para analizar la representación social del saber escolar En PERIS DE SALES, V.; PARRA MONSERRAT, D.; SOUTO GONZÁLEZ, Xosé M. *Repensamos la Geografía e Historia para la educación democrática*, Valencia: Nau Llibres, 2018, p.49-73.

VIÑAO FRAGO, Antonio. Del bachillerato de elite a la educación secundaria para todos (España, siglo XX), en VICENTE Y GUERRERO, Guillermo (coordinador). *Historia de la enseñanza media en Aragón*, Zaragoza: INSTITUCIÓN «FERNANDO EL CATÓLICO» (C.S.I.C.), Excma. Diputación de Zaragoza, 2011, páginas 449-473.

Índice

194

COLOFÓN

Ah, sí, ¡la partida de las golondrinas! Cada año, hacia la misma fecha, se dan cita en el tendido eléctrico. Campos y bordes de carretera se cubren de partituras, como en un cromo barato. Se disponen a emigrar. Es el estruendo del encuentro. Las que todavía revolotean por *el* cielo piden autorización para alinearse con las que se han posado ya en su hilo, muy estremecidas por el deseo de horizontes. ¡Espabilad, vamos allá! ¡Enseguida, enseguida! Vuelan a toda velocidad. Llegan del norte en batallones hitchcockianos, rumbo al sur. Precisamente, la orientación de nuestro dormitorio: norte, sur. Un tragaluz al norte, una doble ventana al sur. Y cada año el mismo drama: engañadas por la transparencia de esas ventanas alineadas, un buen número *de* golondrinas van a estrellarse contra el tragaluz. Nada de escritura esta mañana, pues. Abro el tragaluz del norte y la doble ventana del sur, me meto de nuevo en la cama y nos pasamos toda la mañana mirando las escuadrillas de golondrinas que atraviesan nuestra choza, silenciosas de pronto, intimidadas tal vez por esas dos personas acostadas que les pasan revista. Solo que, a un lado y otro de la doble ventana, dos estrechos postigos verticales permanecen cerrados. Es grande el espacio entre ambos postigos, bastante para dar paso a todos los pájaros del cielo. Y sin embargo nunca falla, ¡tres o cuatro de aquellos idiotas se la pegan siempre contra los postigos! Es nuestra proporción de zoquetes. Nuestras nulidades. No están en la línea, no siguen el camino recto, retozan al margen. Resultado: postigo. ¡Ploc! Caída en la alfombra. Entonces uno de los dos se levanta, toma la golondrina atontada en la palma de su mano —no pesan nada, esos huesos llenos de viento—, aguarda a que despierte y la manda a reunirse con sus compañeras. La resucitada emprende el vuelo, un poco sonada aún, zigzagueando por el espacio recuperado, luego se dirige directamente hacia el sur y desaparece camino de su porvenir.

Ya está, mi metáfora tendrá el valor que tenga, pero a eso se parece el amor en materia de enseñanza, cuando nuestros alumnos vuelan como pájaros enloquecidos. A eso consagran su existencia la señorita G. o Nicole H.: a sacar del coma escolar a una sarta de golondrinas estrelladas. No lo consiguen siempre, a veces se fracasa al trazar un camino, algunos no despiertan, se quedan en la alfombra o se rompen la cabeza contra el siguiente cristal; estos permanecen en nuestra conciencia como esos agujeros de remordimiento, donde descansan las golondrinas muertas al fondo de nuestro jardín; pero lo probamos siempre, al menos lo habremos probado. Son *nuestros* alumnos. Las cuestiones de simpatía o antipatía hacia uno u otro (¡cuestiones del todo reales, sin embargo!) no se toman en cuenta. Habría que ser muy listo para poder decir cuál era *el* grado *de* nuestros sentimientos hacia ellos. No se trata de ese amor. Una golondrina aturdida es una golondrina que hay que reanimar; y punto final.

("Lo que quiere decir amar", párrafo final del capítulo VI del libro de Daniel Pennac *Mal de escuela*)